Kunst- und Kulturmanagement

Reihe herausgegeben von

Andrea Hausmann, Institut für Kulturmanagement, Pädagogische Hochschule Ludwigsburg, Ludwigsburg, Deutschland

Ziel der Reihe „Kunst- und Kulturmanagement" ist es, Studierende, Wissenschaftler, Kunst- und Kulturmanager sowie sonstige Interessierte in komprimierter Weise in das Fachgebiet einzuführen und mit den wesentlichen Teilgebieten vertraut zu machen. Durch eine abwechslungsreiche didaktische Aufbereitung und die Konzentration auf die wesentlichen Methoden und Zusammenhänge, soll dem Leser ein fundierter Überblick gegeben sowie eine rasche Informationsaufnahme und -verarbeitung ermöglicht werden. Die Themen der einzelnen Bände sind dabei so gewählt, dass sie den gesamten Wissensbereich des modernen Kunst- und Kulturmanagement abbilden. Für die Studierenden muss eine solche Reihe abgestimmt sein auf die Anforderungen der neuen Bachelor- und Masterstudiengänge. Die (auch prüfungs-) relevanten Teilgebiete des Fachs „Kunst- und Kulturmanagement" sollen daher abgedeckt und in einer komprimierten, systematisch aufbereiteten und leicht nachvollziehbaren Form dargeboten werden. Für bereits im Berufsleben stehende Kunst- und Kulturmanager sowie sonstige Interessierte muss die Reihe den Anforderungen gerecht werden, die eine arbeits- und zeitintensive Berufstätigkeit mit sich bringt: Kurze und prägnante Darstellung der wichtigsten Themen bei Sicherstellung aktueller Bezüge und eines qualitativ hochwertigen Standards. Es ist unbedingter Anspruch der jeweiligen Autorenbücher, diesen Interessenslagen gerecht zu werden. Dabei soll neben einer sorgfältigen theoretischen Fundierung immer auch ein hoher Praxisbezug gewährleistet werden.

Wilfried Zoungrana · Jessica Wegelin ·
Achim Groeling

KI und Social Media in der Kulturvermittlung

Eine Einführung

Springer VS

Wilfried Zoungrana
Jivo Group GmbH
Berlin, Deutschland

Jessica Wegelin
Smith
Berlin, Deutschland

Achim Groeling
artcom venture GmbH
Berlin, Deutschland

ISSN 2626-0557 ISSN 2626-0573 (electronic)
Kunst- und Kulturmanagement
ISBN 978-3-658-48620-4 ISBN 978-3-658-48621-1 (eBook)
https://doi.org/10.1007/978-3-658-48621-1

Die Deutsche Nationalbibliothek verzeichnet diese Publikation in der Deutschen Nationalbibliografie; detaillierte bibliografische Daten sind im Internet über https://portal.dnb.de abrufbar.

Planung/Lektorat: Franziska Remeika
Springer VS ist ein Imprint der eingetragenen Gesellschaft Springer Fachmedien Wiesbaden GmbH und ist ein Teil von Springer Nature.
Die Anschrift der Gesellschaft ist: Abraham-Lincoln-Str. 46, 65189 Wiesbaden, Germany

Wenn Sie dieses Produkt entsorgen, geben Sie das Papier bitte zum Recycling.

Vorwort

Die rasante Entwicklung von Künstlicher Intelligenz (KI) und digitalen Technologien stellt die Kulturvermittlung vor neue, spannende Herausforderungen und dies im Kontext einer bereits versäumten Digitalisierung. Kulturelle Institutionen, Künstler*innen und Bildungseinrichtungen sehen sich zunehmend mit der Frage konfrontiert, wie diese neuen Technologien sinnvoll eingesetzt werden können, um das kulturelle Erbe zu bewahren und zugleich einem breiten Publikum zugänglich zu machen. Dieses Werk wurde von drei Autor*innen verfasst, die sich aus unterschiedlichen Perspektiven mit den Chancen und Herausforderungen befassen, die der Einsatz von KI und in der Kulturvermittlung mit sich bringt. Dabei wird die Schnittstelle zwischen digitalen Medien, sozialen Netzwerken und kulturellen Institutionen im Kontext der modernen Kulturvermittlung umfassend betrachtet.

Im ersten Kapitel bieten wir eine grundlegende Einführung in die relevanten Themen: kulturelle Vermittlung, Social Media und Künstliche Intelligenz. Wir definieren zentrale Begriffe und stellen deren Bedeutung im Kontext der Kulturvermittlung dar. Hierbei möchten wir insbesondere die Relevanz von KI und Social Media für die Vermittlung von Kunst und Kultur untersuchen und die Wechselwirkungen zwischen diesen Technologien herausarbeiten.

Kapitel zwei befasst sich mit der Frage, wie kulturelle Einrichtungen technologische Trends nutzen können, um das Engagement und die Interaktion mit ihren Besucher*innen zu fördern. Welche Rolle spielen immersive Technologien und digitale User Experience (UX) beim Vermitteln eines Kunsterlebnisses? Und wie kann Technologie dazu beitragen, Kunst einem vielfältigen Publikum zugänglich zu machen? Diese Fragen bilden den Kern unseres zweiten Kapitels, in dem wir auch die Potenziale und Herausforderungen dieser Technologien für die Kulturvermittlung reflektieren.

Im dritten Kapitel richten wir den Blick auf soziale Netzwerke als Kunstvermittlungsmedium. Soziale Plattformen sind zunehmend ein bedeutendes Instrument, um Kunst und Kultur einem breiten Publikum zu präsentieren. Doch soziale Netzwerke bieten nicht nur neue Zugänge zu Kunstwerken, sie können auch selbst als Kunstobjekte betrachtet werden. Wir gehen der Frage nach, wie Kunst im Kontext sozialer Netzwerke präsentiert wird, welche Rolle Netzwerkökonomie und Algorithmen spielen und wie die Interaktion zwischen Kunst, Künstler*innen und Rezipienten auf diesen Plattformen beeinflusst wird.

Kapitel vier widmet sich der konkreten Produktion von Social-Media-Inhalten, wobei wir insbesondere den Einfluss von Künstlicher Intelligenz thematisieren. Wir werfen einen Blick auf die Veränderung der Art und Weise, wie Kunstschaffende und Institutionen ihre Online-Communities durch Social Media ansprechen und welche kreativen sowie ethischen Fragestellungen der Einsatz von KI in diesem Kontext aufwirft. Hier geht es uns auch um die Authentizität der mit KI erstellten Inhalte und die Implikationen für die Kulturvermittlung.

Das fünfte Kapitel thematisiert die Messung und Bewertung von Social-Media-Inhalten. Nachdem diese Inhalte erstellt und veröffentlicht wurden, stellt sich die Frage, wie ihre Performance gemessen werden kann. Welche Zielgruppen werden erreicht? Welche Wirkung entfalten die Inhalte? Besonders bei KI-generierten Inhalten ist es entscheidend, geeignete Messinstrumente zu wählen, um valide Ergebnisse zu erzielen und die Inhalte kontinuierlich zu optimieren. In diesem Kapitel beschäftigen wir uns intensiv mit den verschiedenen Ansätzen zur Performance-Messung und den Anforderungen an die Evaluation von Social-Media-Inhalten.

Abschließend beleuchtet Kapitel sechs die rechtlichen Fragestellungen im Zusammenhang mit der Nutzung von Künstlicher Intelligenz und fortschrittlichen Technologien in der Kulturvermittlung. Der Einsatz von KI und digitalen Technologien in der Kulturvermittlung wirft eine Reihe von rechtlichen und ethischen Fragen auf, die wir eingehend untersuchen. Dabei geht es nicht nur um den Umgang mit urheberrechtlichen und datenschutzrechtlichen Aspekten, sondern auch um die Haftung von Institutionen und Künstler*innen bei der Verwendung von KI in ihren Projekten. Wir zeigen auf, welche rechtlichen Rahmenbedingungen zu beachten sind und bieten praxisnahe Hinweise, wie diese Herausforderungen bewältigt werden können.

Gemeinsam haben wir in diesem Werk die verschiedenen Dimensionen des Einsatzes von Künstlicher Intelligenz und Social Media in der Kulturvermittlung untersucht. Wir hoffen, dass unsere interdisziplinäre Perspektive den Leser*innen wertvolle Einblicke in die Möglichkeiten und Herausforderungen der digitalen Kulturvermittlung bietet und zu einer reflektierten Auseinandersetzung mit den Chancen und Risiken dieser Technologien anregt.

Mai 2025

Wilfried Zoungrana
Jessica Wegelin
Achim Groeling

Interessenkonflikt Die Autor*innen haben keine für den Inhalt dieses Manuskripts relevanten Interessenkonflikte.

Inhaltsverzeichnis

Einleitung 1

Inhaltsverzeichnis

Schlüsselfragen

- Wie lässt sich Kulturvermittlung zeitgemäß definieren?
- Welche Rolle können Social-Media-Kanäle in der Kulturvermittlung spielen, um ein breiteres Publikum zu erreichen und neue Zielgruppen zu erschließen?
- Wie können Künstliche Intelligenz und andere technologische Innovationen die Kulturvermittlung ermöglichen, unterstützen und bereichern?
- Wie lässt sich die Interaktivität und Partizipation von Zielgruppen durch digitale Tools in der Kulturvermittlung fördern?
- Welche ethischen Herausforderungen ergeben sich durch den Einsatz von Technologie in der Kulturvermittlung?

Schlüsselkonzepte

- Social Media
- Künstliche Intelligenz
- Kulturvermittlung
- Partizipation
- Digitale Transformation

Dieses erste Kapitel gibt eine grundlegende Einführung in die Themenbereiche der kulturellen Vermittlung, Social Media und Künstlicher Intelligenz. Darüber hinaus dient es dazu, zentrale Begriffe zu definieren, ihre Relevanz für die Vermittlung von kulturellen Inhalten zu erläutern und erste Einblicke in die Schnittstelle zwischen Künstlicher Intelligenz und Social Media im Kontext der Kulturvermittlung zu bieten.

1.1   Begriffliches

1.1.1   Kulturvermittlung

Kulturvermittlung ist ein vielschichtiger und dynamischer Begriff. Sie umfasst mehrere Dimensionen und findet in verschiedenen Kontexten Anwendung, darunter in Museen, Theatern, Bibliotheken, sozialen Einrichtungen und Schulen.

Ein zentraler Aspekt der Kulturvermittlung liegt in ihrer Funktion innerhalb der sozialen Arbeit. Kulturprojekte werden als Mittel zur sozialen Integration und zur Förderung des gesellschaftlichen Zusammenhalts eingesetzt. Besonders in multikulturellen Gesellschaften und sozial benachteiligten Gemeinschaften werden sie geschätzt. Allerdings birgt diese Entwicklung auch Risiken: Kulturvermittlung kann instrumentalisiert werden, wodurch ihre Kernaufgaben – die Förderung kultureller Bildung und Partizipation – in den Hintergrund treten könnten.

1.1.1.1   Dialogische Kulturvermittlung: Ein modernes Verständnis

Der Begriff „Audience Development", der im angelsächsischen Raum gebräuchlich ist, betont die interdisziplinären Herausforderungen und Ansätze der Kulturvermittlung. Dabei wird Kulturvermittlung nicht als einseitiger Prozess verstanden, sondern als dialogische Interaktion.

Dieser Ansatz stellt die aktive Einbindung der Rezipienten in den Mittelpunkt. Ziel ist es, das kritische Denken, die Selbstreflexion und die Emanzipation von Individuen zu fördern. Dadurch sollen kulturelle Kompetenzen gestärkt und das Selbstbewusstsein gesteigert werden.

Traditionelle Modelle der Kulturvermittlung trennen oft den kulturversierten Vermittler vom Laienpublikum. Moderne Ansätze hingegen lehnen diese Hierarchie ab und betrachten die Kulturvermittlung als wechselseitige Beziehung, in der beide Seiten voneinander lernen können (vgl. Sting, 2008).

1.1.1.2 Kritik und Herausforderungen der Kulturvermittlung

Die Praxis der Kulturvermittlung ist nicht frei von Herausforderungen und kritischen Stimmen. Kritiker*innen bemängeln, dass kulturelle Inhalte oft vereinfacht und für die massentaugliche Vermarktung angepasst werden. Diese Entwicklung wird häufig in Zusammenhang mit Theorien des Kulturmanagements gebracht, die seit den 2000er Jahren von Autoren wie Armin Klein und Andrea Hausmann intensiv diskutiert werden (vgl. Hausmann, 2024).

Die sogenannte ‚Ökonomisierung der Kultur' birgt das Risiko, dass tiefgehende kulturelle Auseinandersetzungen und die Förderung kritischer Denkfähigkeiten zugunsten oberflächlicher und massenkompatibler Angebote vernachlässigt werden.

1.1.1.3 Digitalisierung und Social Media in der Kulturvermittlung

In den letzten Jahren hat die Digitalisierung – insbesondere die Nutzung von Social Media – die Kulturvermittlung grundlegend verändert. Plattformen wie Facebook, Instagram, X, TikTok und YouTube sind zu zentralen Werkzeugen geworden, mit denen Kulturinstitutionen direkt mit ihrem Publikum kommunizieren können.

Diese Plattformen bieten zahlreiche Möglichkeiten:

- **Interaktion und Partizipation:** Kulturinstitutionen können über soziale Medien Feedback einholen und Dialoge fördern.
- **Zugänglichkeit:** Virtuelle Rundgänge, Live-Streams und interaktive Inhalte machen Kultur unabhängig von geografischen oder sozialen Barrieren zugänglich.
- **Zielgruppenansprache:** Besonders jüngere Zielgruppen können durch Social Media angesprochen und zur aktiven Teilnahme motiviert werden.

Allerdings bringt der Einsatz von Social Media auch Herausforderungen mit sich:

- **Inhaltliche Tiefe:** Die schnelle und oft oberflächliche Natur von Social-Media-Inhalten wird der Komplexität kultureller Themen nicht immer gerecht.
- **Trivialisierungsgefahr:** Es besteht das Risiko, dass kulturelle Inhalte vereinfacht oder trivialisiert werden, um sie massenkompatibel zu machen.

Trotz dieser Kritikpunkte bietet Social Media erhebliche Potenziale, die Kulturvermittlung innovativ und inklusiv zu gestalten.

1.1.2   Social Media

Im zweiten Kapitel der dritten Auflage von Christian Fuchs' Buch *Social Media: A Critical Introduction* (2021) wird die Frage „Was sind Soziale Medien?" ausführlich untersucht. Dieses Kapitel beleuchtet nicht nur kritisch die Ursprünge sozialer Medien, die, wie Tom Standage in *Writing on the Wall* (2013) darlegt, bis in die Antike zurückreichen, sondern bietet auch eine umfassende Zusammenstellung von mehr als 13 verschiedenen Definitionen sozialer Medien aus der akademischen Forschung. Diese Definitionen sind nach abnehmender Aktualität geordnet.

Ein Großteil der Definitionen entstand in den späten 2000er und frühen 2010er Jahren – einer Zeit, in der Skepsis gegenüber sozialen Medien weit verbreitet war. Damals gab es Befürchtungen, dass soziale Medien lediglich eine kurzlebige Modeerscheinung oder gar eine Blase darstellen könnten.

Fuchs hebt hervor, dass die Ursprünge sozialer Medien tief in der Menschheitsgeschichte verwurzelt sind. Standage argumentiert, dass bereits die antiken römischen Wandkritzeleien und der Austausch von Informationen über verschiedene Medien hinweg als frühe Formen sozialer Medien betrachtet werden können (vgl. Standage, 2013, S. 3). Diese historische Perspektive unterstreicht, dass das Bedürfnis nach sozialer Kommunikation und Informationsaustausch ein grundlegendes Merkmal menschlicher Gesellschaften ist.

1.1.2.1   Definitionen sozialer Medien

Verschiedene Definitionen verdeutlichen die Vielfalt und Komplexität sozialer Medien. Beispiele umfassen:

- Burgess, Marwick und Poell (vgl. Burgess et al., 2018, S. 1): Soziale Medien sind Technologien, die an der Schnittstelle von Inhaltsteilung, öffentlicher Kommunikation und zwischenmenschlicher Verbindung stehen.
- Shirky (vgl. Shirky, 2008, S. 20–21): Soziale Medien sind Plattformen, die es ermöglichen, Informationen ohne zentrale Kontrolle zu teilen und zu verbreiten.

Einige gemeinsame Elemente, die in vielen Definitionen auftauchen, sind:

- **Nutzerbeteiligung**: Die aktive Rolle der Nutzerinnen und Nutzer bei der Erstellung und Verbreitung von Inhalten (vgl. Burgess et al., 2018; vgl. Lindgreen, 2017, S. 29).

- **Interaktivität**: Die Fähigkeit, Netzwerke zu bilden und wechselseitige Kommunikation zu fördern (vgl. Boyd, 2021, S. 6; vgl. Hunsiger & Senft, 2014, S. 1).
- **Partizipation**: Die Nutzung sozialer Medien als Plattformen für soziale Interaktion und öffentliche Diskurse.

Fuchs (vgl. Fuchs, 2021, S. 27–30) kritisiert, dass viele Ansätze soziale Medien lediglich aus technischer oder funktionaler Perspektive betrachten und dabei die zugrunde liegenden Machtstrukturen und gesellschaftlichen Auswirkungen ausblenden. Er betont, dass eine umfassende Definition die politischen, ökonomischen und sozialen Dynamiken integrieren muss, die diese Plattformen prägen.

Trotz ihrer Vielfalt weisen viele Definitionen weitere Schwächen auf:

- **Unklare Abgrenzung**: Einige Definitionen sind zu breit oder unspezifisch, sodass sie sich nur schwer von anderen digitalen Kommunikationsformen unterscheiden lassen.
- **Vernachlässigung wirtschaftlicher Aspekte**: Manche Definitionen ignorieren die kommerziellen und algorithmischen Mechanismen, die die Funktionsweise moderner sozialer Medien maßgeblich beeinflussen (vgl. Dijck, 2013, S. 11; vgl. Terranova, 2013, S. 297).
- **Fehlende Kontextualisierung**: Viele Definitionen berücksichtigen nicht die zunehmende Bedeutung von Plattformökonomien und den Einfluss von Datenmonopolisierung und Überwachungsmechanismen.

1.1.2.2 Eine zeitgemäße Definition sozialer Medien

Um eine aktuelle und umfassende Definition sozialer Medien zu entwickeln, sollten sowohl die technischen als auch die sozialen Dimensionen berücksichtigt werden. Wir schlagen folgende Definition vor:

▶ *Soziale Medien sind digitale Plattformen, die es Nutzern ermöglichen, Inhalte zu erstellen, zu teilen und zu kommentieren. Sie fördern durch algorithmische Mechanismen personalisierte Informationsflüsse und soziale Interaktionen und ermöglichen sowohl private als auch öffentliche Kommunikation, oft mit kommerziellen oder politischen Interessen im Hintergrund.*

Diese Definition berücksichtigt die Interaktivität und Nutzerbeteiligung sowie die allgegenwärtige Rolle von Algorithmen und wirtschaftlichen und politischen Interessen in der modernen Nutzung sozialer Medien.

1.1.3 Künstliche Intelligenz

Auf Seite 35 der vierten Auflage ihres Standardwerks *Artificial Intelligence: A Modern Approach* (vgl. Russell & Norvig, 2022) argumentieren Stuart Russell und Peter Norvig, dass die wichtigsten Meilensteine der KI-Geschichte anhand einer Liste der Turing-Preisträger zusammengefasst werden können. Die Jahreszahlen in Klammern beziehen sich dabei nicht auf spezifische Publikationen, sondern auf das Jahr, in dem die jeweilige Person den Turing Award erhielt.

Diese von den Autoren kuratierte Liste hebt Persönlichkeiten und ihre Beiträge hervor, die aus ihrer Sicht entscheidend zur Entwicklung des Fachgebiets beigetragen haben. Wenn es nicht möglich war, den Beitrag eines Preisträgers direkt zu erklären, haben wir uns dessen zugänglichster Publikation zugewandt, um den Kontext seiner Arbeit besser zu verstehen.

Wir verzichten an dieser Stelle bewusst darauf, Fragen nach der Geschlechterverteilung oder möglichen Verzerrungen innerhalb dieser Liste abschließend zu bewerten. Ebenso setzen wir uns nicht das Ziel, die Objektivität der Auswahl zu beurteilen. Stattdessen betrachten wir die von Russell und Norvig zusammengestellten Beispiele, um weniger die Frage zu erörtern, warum bestimmte Namen erscheinen und andere nicht. Vielmehr konzentrieren wir uns darauf, wie diese Errungenschaften Einfluss auf die Entwicklung von Technologie und den menschlichen Zugang zu Wissen genommen haben. Dies eröffnet Einblicke in die transformative Kraft der Künstlichen Intelligenz in verschiedenen kulturellen und pädagogischen Kontexten.

Die Liste umfasst unter anderem folgende Persönlichkeiten und deren Beiträge:

- **Marvin Minsky (1969)** und **John McCarthy (1971)**: Grundlagen der KI, insbesondere Wissensrepräsentation und logisches Schließen.
- **Allen Newell und Herbert Simon (1975)**: Symbolische Modelle des Problemlösens und der menschlichen Kognition.
- **Ed Feigenbaum und Raj Reddy (1994)**: Entwicklung von Expertensystemen zur Lösung realer Probleme.
- **Judea Pearl (2011)**: Probabilistische Schlussfolgerungen und die prinzipielle Berücksichtigung von Unsicherheit.
- **Yoshua Bengio, Geoffrey Hinton und Yann LeCun (2019)**: Etablierung des Deep Learning als Kernbereich moderner KI.

Obwohl diese wissenschaftlichen Errungenschaften zunächst abstrakt erscheinen mögen, lassen sie sich in einem kreativen und kulturellen Kontext nachvollziehbar machen. Ihre praktische Bedeutung wird besonders in der Art und Weise sichtbar, wie sie die heutige Kunstproduktion und Bildungsprozesse beeinflussen. Die Konzepte und Technologien, die durch diese Pioniere der KI entwickelt wurden, haben nicht nur die technische Landschaft verändert, sondern auch die Möglichkeiten kreativen Ausdrucks und interaktiver Kunst erweitert.

1.1.3.1 Grundlagen der KI: Marvin Minsky und John McCarthy

Marvin Minsky und John McCarthy legten mit ihren Arbeiten in den 1950er und 1960er Jahren das Fundament der KI. Minsky forschte an der Nachahmung menschenähnlicher Verhaltensweisen durch Maschinen und war Mitbegründer des MIT Media Lab. McCarthy prägte den Begriff „Künstliche Intelligenz" und entwickelte die Programmiersprache LISP (List Processing), die für die KI-Forschung entscheidend wurde.

Dank Minsky und McCarthy können Maschinen heute Wissen interpretieren und Entscheidungen treffen, was interaktive Kunstinstallationen ermöglicht. Moderne Ausstellungen reagieren dynamisch auf Besucher*inneninteraktionen, was zu individuelleren und immersiven Erfahrungen führt. Ein Beispiel ist die Ausstellung *Big Bang Data* (2015–2016, Somerset House, London), die zeigt, wie Technologien der Künstlichen Intelligenz die Kunst beeinflussen. Werke wie *Stranger Visions* (2012–2013) von Heather Dewey-Hagborg, das genetisches Material nutzt, um Porträts zu erstellen, hinterfragen dabei die Grenzen von Privatsphäre und Identität und stellen die Verbindung zwischen KI und sozialen Themen in den Vordergrund.

1.1.3.2 Symbolische Modelle: Allen Newell und Herbert Simon

Newell und Simon entwickelten mit dem *Logic Theorist* (1956) eines der ersten Programme, das mathematische Theoreme bewies. Diese Forschung legte den Grundstein für symbolische Modelle des Problemlösens und der menschlichen Kognition.

Ihr Ansatz inspirierte Künstler wie Harold Cohen, dessen Programm *AARON* autonom Kunstwerke schuf. Diese Idee hat sich in der heutigen Kunst fortgesetzt, wie in den interaktiven Installationen von Refik Anadol, der maschinelles Lernen verwendet, um Daten visuell darzustellen und dabei neue Perspektiven auf das Verhältnis zwischen Technologie und Kunst zu schaffen.

1.1.3.3 Expertensysteme: Ed Feigenbaum und Raj Reddy

Expertensysteme wie Feigenbaums *DENDRAL* (Analyse chemischer Strukturen) oder Reddys Arbeiten zur Spracherkennung kodifizierten menschliches Wissen, um reale Probleme zu lösen.

In den 1980er Jahren wurden erste Expertensysteme wie *ARTCRITIC* entwickelt, das kritische Analysen von Kunstwerken ermöglichte. Solche Systeme ebneten den Weg für moderne KI-Tools, die Künstler unterstützen, restaurative Maßnahmen zu optimieren oder kreativen Input zu generieren. Diese Tools sind mittlerweile ein zentraler Bestandteil vieler kreativer Prozesse, von der Generierung neuer Kunstformen bis zur Analyse von existierenden Werken.

1.1.3.4 Probabilistische Modelle: Judea Pearl

Judea Pearls probabilistische Schlussfolgerungen, insbesondere Bayes'sche Netzwerke, ermöglichen das Modellieren von Unsicherheiten. Seine Arbeit führte zu einer kausalen Revolution, wie in *The Book of Why* (Pearl & Mackenzie, 2018) erläutert.

Pearls Methoden haben nicht nur in der Wissenschaft, sondern auch in der Kunst und Literatur Anwendung gefunden. Sie eröffnen neue Perspektiven für die Analyse von narrativen Strukturen, etwa bei der Untersuchung von Storytelling in Literatur und Film. Das Modellieren kausaler Zusammenhänge ermöglicht es, komplexe dramaturgische Entwicklungen zu verstehen und zu visualisieren, was für die kreative Arbeit von Künstlern und Geschichtenerzählern von großer Bedeutung ist.

1.1.3.5 Deep Learning: Yoshua Bengio, Geoffrey Hinton und Yann LeCun

Das Team etablierte Deep Learning, eine Technik, die neuronale Netzwerke mit mehreren Schichten nutzt. Diese Systeme können durch Training komplexe Muster in Daten erkennen.

Deep Learning hat Werkzeuge wie Stiltransfer und generative Modelle ermöglicht, mit denen Künstler*innen neue Werke schaffen können. Beispielsweise können Stile vergangener Meister rekonstruiert oder völlig neue Ästhetiken geschaffen werden. Generative KI-Modelle werfen dabei die Frage auf, inwiefern diese Werke kreativ und originell sind. Künstler wie Refik Anadol nutzen Deep Learning, um Daten zu visualisieren und neue immersive Kunstwerke zu schaffen, die den Einsatz von Technologie und Kreativität vereinen.

Die von Russell und Norvig zusammengestellten Meilensteine der KI beschreiben nicht nur die technische Entwicklung des Fachs, sondern auch dessen weitreichende kulturelle Anwendungen. Diese Fortschritte haben neue Formen der künstlerischen Kollaboration hervorgebracht und stellen grundlegende Fragen zur Rolle von Kreativität und Technologie in der Kunstwelt. Von interaktiven Kunstwerken bis hin zu innovativen Kunstprojekten, die maschinelles Lernen und Deep Learning einbeziehen, eröffnet die KI zahlreiche Möglichkeiten für die Zukunft der Kunstproduktion und -bildung.

1.2 (Soziale) Medien in der Kulturvermittlung

Zu Beginn haben wir den Begriff der Kulturvermittlung im Spannungsfeld zwischen Marketing und Bildung definiert. Dabei wurde deutlich, wie diese beiden Bereiche in der Praxis miteinander verwoben sind, um Kultur einem breiten Publikum zugänglich zu machen und gleichzeitig auf die Bildungsbedürfnisse der Gesellschaft einzugehen. Anschließend haben wir uns mit der Rolle der Künstlichen Intelligenz (KI) beschäftigt, indem wir auf die von Russell und Norvig zusammengestellte Liste von Turing-Preisträgern zurückgriffen. Diese Liste hilft uns, die wissenschaftlichen Entwicklungen im Bereich der KI besser zu verstehen und ihre Bedeutung für die heutige Kulturvermittlung einzuordnen. Nun möchten wir die Wechselwirkungen zwischen diesen Konzepten weiter analysieren, beginnend mit der Kulturvermittlung und den sozialen Medien.

Medien spielen seit jeher eine zentrale Rolle in der Vermittlung von Kultur. Von den ersten gedruckten Büchern der Renaissance bis hin zu den sozialen Medien unserer Zeit hat jede Epoche eigene Wege entwickelt, Kunst und Kultur zugänglich zu machen. Diese Medien fungierten jedoch nie bloß als passive Übermittler, sondern stets aktive Gestalter kultureller Diskurse. Sie ermöglichten der Kunst- und Kulturszene, sich kontinuierlich neu zu erfinden und ihre Vermittlungsformen den Bedürfnissen der jeweiligen Zeit anzupassen.

Ein markantes Beispiel für den Wandel der Kulturvermittlung zeigt der Sammelband *Das Museum der Zukunft. 43 Beiträge zur Diskussion über die Zukunft des Museums,* herausgegeben 1970 von Gerhard Bott, einem renommierten Kunsthistoriker und Museumsdirektor. Diese Publikation reflektierte die museologischen Diskurse jener Zeit und bot eine Perspektive auf die Nutzung der damals dominanten Medien in der Kulturvermittlung. Fünfzig Jahre später nahmen Joachim Baur und das Kollektiv schnittpunkt diese Idee in ihrem Band *Das Museum der Zukunft. 43 neue Beiträge zur Diskussion über die Zukunft des Museums* erneut auf. Beide Werke spiegeln zwei unterschiedliche historische Kontexte wider und zeigen, wie sich die Rolle der Medien und die Konzepte der Kulturvermittlung im Laufe der Zeit verändert haben.

1.2.1   Die 1970er Jahre: Das Fernsehen als Werkzeug der Kulturvermittlung

Die späten 1960er und frühen 1970er Jahre waren geprägt von gesellschaftlichen Umbrüchen und tiefgreifenden Veränderungen in der kulturellen Landschaft. Das Fernsehen etablierte sich als dominierendes Massenmedium und bot eine Plattform, um eine breite Öffentlichkeit zu erreichen. Es ermöglichte eine neue Form der Kulturvermittlung, die auf visuellen und auditiven Inhalten basierte.

Das Fernsehen brachte Kunst und Kultur in die Wohnzimmer. Kultursendungen wie *Aspekte* in Deutschland oder *Omnibus* in den USA erreichten Millionen von Zuschauern und machten kulturelle Inhalte einer breiten Öffentlichkeit zugänglich. Dokumentarfilme und Reportagen boten Einblicke in Museen, Kunstwerke und kulturelle Veranstaltungen. Ein Beispiel dafür ist die 1969 von der BBC ausgestrahlte Serie *Civilisation* von Kenneth Clark, die eine umfassende Einführung in die westliche Kunst- und Kulturgeschichte bot.

Die Beiträge in Botts *Das Museum der Zukunft* spiegeln diese mediale Realität wider. Sie zeigen eine Zukunftsvision des Museums, die stark von den Möglichkeiten und Einschränkungen des Fernsehens geprägt war. Die Debatte konzentrierte sich darauf, wie Museen durch Fernsehen neue Zielgruppen erreichen und ihre Sammlungen populär machen könnten.

1.2.2   Die digitale Revolution: Das Internetzeitalter und die Transformation der Kulturvermittlung

Die Veröffentlichung von Joachim Baurs *Das Museum der Zukunft* im Jahr 2020 fand in einem völlig veränderten medialen Kontext statt. Mit dem Aufkommen des Internets in den 1990er Jahren erlebte die Kulturvermittlung einen revolutionären Wandel. Das Internet ermöglichte nicht nur die Verbreitung kultureller Inhalte, sondern schuf auch neue Möglichkeiten für Interaktivität und Partizipation.

Das Internet bot Plattformen wie Google Arts & Culture oder das Google Art Project, die Kunstwerke und Sammlungen weltweit digital zugänglich machten. Museen nutzten diese Technologien, um virtuelle Rundgänge anzubieten und hochauflösende Bilder ihrer Werke bereitzustellen. Künstler präsentierten ihre Werke auf Blogs und Plattformen wie DeviantArt, was eine Demokratisierung der Kunst ermöglichte, da nicht mehr nur Institutionen wie Museen und Galerien die Verbreitung von Kunst bestimmten.

Im museologischen Diskurs dieser Zeit stand die Aufforderung im Vordergrund, Museen digital zu öffnen und ihre Inhalte interaktiv zu gestalten. Die Beiträge in Baurs Sammelband verdeutlichen, wie sehr die Erwartungen an Museen durch das Internet geprägt wurden.

1.2.3   Soziale Medien und die Corona-Pandemie: Eine neue Ära der Kulturvermittlung

In den 2000er Jahren brachten soziale Medien wie Facebook, Instagram und X (ehemals Twitter) eine neue Dynamik in die Kulturvermittlung. Diese Plattformen ermöglichten eine direkte Interaktion zwischen Künstlern, Institutionen und ihrem Publikum. Kunstwerke konnten in Echtzeit geteilt und kommentiert werden, wodurch ein globaler Dialog entstand.

Museen wie das MoMA in New York oder die Tate Modern in London nutzten soziale Medien, um Ausstellungen zu bewerben und das Engagement ihrer Besucher zu fördern. Während der Corona-Pandemie gewann dieser Ansatz an Bedeutung. Initiativen wie #MuseumFromHome ermöglichten es Menschen, trotz geschlossener Museen an kulturellen Aktivitäten teilzunehmen. Livestreams, virtuelle Touren und Online-Workshops wurden zu zentralen Elementen der Kulturvermittlung.

Ein bemerkenswertes Beispiel ist das Virtual Museum of Modern Art (VMOMA), das 2020 als rein digitale Plattform gegründet wurde. Es bot Künstlern eine Bühne und lud das Publikum zu interaktiven Ausstellungen ein. Gleichzeitig zeigte die Pandemie auch die Grenzen der digitalen Kulturvermittlung auf: Die physische Erfahrung von Kunst bleibt unersetzbar.

1.2.4   Potenziale und Herausforderungen der zukünftigen Kulturvermittlung

Die Entwicklungen der letzten Jahrzehnte verdeutlichen, dass Kulturvermittlung kontinuierlich an die technischen, sozialen und kulturellen Rahmenbedingungen angepasst werden muss. Die sozialen Medien haben eine neue Ära eingeleitet, in der die Grenzen zwischen Produzenten, vermittelnden Institutionen und Konsumenten zunehmend verschwimmen. Künstler und Institutionen agieren heute in einer globalen und vernetzten Welt, die neue Formen der Interaktion und Kollaboration ermöglicht.

1.2.5   Die Zukunft der Kulturvermittlung

In einer post-pandemischen Welt wird es entscheidend sein, physische und digitale Formate sinnvoll zu kombinieren. Die Kulturvermittlung muss inklusiv und divers sein, um eine fragmentierte Gesellschaft zu erreichen. Dabei geht es nicht nur um technische Innovationen, sondern auch um die Frage, wie Kunst und Kultur als verbindende Kräfte wirken können.

Die kommenden Kapitel dieses Buches werden diese Fragen weiter vertiefen und untersuchen, wie die Kulturvermittlung der Zukunft aussehen könnte. Es wird darum gehen, den Balanceakt zwischen Tradition und Innovation, physischer Erfahrung und digitaler Interaktion, lokaler Verankerung und globaler Vernetzung zu meistern. Nur so kann Kunst und Kultur in einer sich stetig verändernden Welt relevant bleiben.

1.3   Künstliche Intelligenz und Social Media

Die Integration von Künstlicher Intelligenz (KI) in sozialen Medien hat das Umfeld der Kulturvermittlung in vielerlei Hinsicht revolutioniert. Sie hat die Art und Weise, wie Inhalte konsumiert, verbreitet und erzeugt werden, grundlegend verändert. Besonders durch die COVID-19-Pandemie, die die Digitalisierung und Rezeption neuer Medien beschleunigte, sind neue Einsatzmöglichkeiten von KI in sozialen Medien entstanden, die sowohl Chancen als auch Herausforderungen mit sich bringen.

1.3.1   Formen der KI auf sozialen Medienplattformen

KI wird auf sozialen Medien in unterschiedlichen Bereichen eingesetzt, von personalisierten Empfehlungen über die Inhaltsmoderation und Interaktion mit Nutzern, bis hin zur Unterstützung kreativer Prozesse. Jede dieser Anwendungen beeinflusst, wie wir mit Kultur und Kunst interagieren.

1.3.1.1   Empfehlungsalgorithmen: Unterschiede und Einfluss

Empfehlungsalgorithmen, die auf Nutzerdaten basieren, bestimmen oft, welche Inhalte einem gezeigt werden. Diese Algorithmen sind ein prägender Bestandteil von Plattformen wie Facebook, YouTube und TikTok und haben großen Einfluss darauf, was Nutzer konsumieren und wie sie die Welt wahrnehmen.

- **Facebook:** Der Algorithmus fördert Inhalte, die emotionale Reaktionen hervorrufen und die Verweildauer erhöhen. Dies hat jedoch auch zu einer Verstärkung von Polarisierung geführt.
- **YouTube:** Hier wird der Fokus auf die Verweildauer gelegt, was dazu führt, dass besonders fesselnde (oft auch extreme) Inhalte häufiger angezeigt werden. Max Fisher kritisiert in *The Chaos Machine* (2022), dass dies die gesellschaftliche Polarisierung verstärken kann.
- **TikTok:** Der Algorithmus von TikTok lernt schnell die Vorlieben der Nutzer und passt Empfehlungen nahezu in Echtzeit an. Diese Dynamik führt zu einer intensiven Bindung der Nutzer an Inhalte, aber auch zu einer potenziellen Verengung der Perspektiven durch Filterblasen.
- **X:** Bei X geht es vor allem um Verbindungen, der Algorithmus kuratiert Inhalte und verknüpft diese über Verweildauer und Partizipation mit dem Rezipienten. Dies führt wiederum zu einer hohen Interaktion. Ebenso wie bei TikTok führt diese Kuration jedoch zur Verengung und Filterung.

Diese Empfehlungsalgorithmen verdeutlichen die Notwendigkeit einer algorithmischen Verantwortung, die sicherstellt, dass die Plattformen nicht unreflektiert die Wahrnehmung der Nutzer prägen oder gefährliche Inhalte fördern.

1.3.1.2 Content-Moderation: Chancen und Risiken
KI spielt eine wichtige Rolle in der Moderation von Inhalten auf sozialen Medien. Sie wird verwendet, um schädliche oder unangemessene Inhalte zu erkennen und zu entfernen. Dies geschieht oft in Kombination mit menschlichen Moderatoren. Trotz ihrer Effizienz gibt es Herausforderungen, da Algorithmen manchmal auch falsche Inhalte durchlassen oder legitime Beiträge fälschlicherweise zensieren.

Künstliche Intelligenz wird auch in kulturellen Kontexten eingesetzt, um das Erlebnis zu bereichern. Chatbots, die auf Natural Language Processing (NLP) basieren, können in Museen genutzt werden, um interaktive Dialoge zu fördern und den Besuchern mehr Informationen zu bieten. Ein Beispiel wäre:

- **Besucher:** „Wer hat das Gemälde in Raum 3 geschaffen?"
- **Chatbot:** „Dieses Gemälde wurde von Claude Monet geschaffen. Möchten Sie mehr über seine Werke erfahren?"
  Diese Technologien machen Kunst und Kultur für das Publikum zugänglicher und bieten eine personalisierte Erfahrung.

1.3.2 Generative KI: Demokratisierung oder Oberflächlichkeit?

Generative KI hat das Potenzial, die kreative Produktion zu revolutionieren, indem sie es Nutzern ermöglicht, mit geringem Aufwand Kunstwerke, Texte oder Musik zu generieren. Plattformen wie MidJourney oder ChatGPT haben kreative Ausdrucksmöglichkeiten erweitert.

Chancen der generativen KI

- **Demokratisierung der Kunst**: Jeder kann ohne tiefgehende technische oder künstlerische Kenntnisse Inhalte erstellen.
- **Kreative Freiheit**: Nutzer können neue Ausdrucksformen entdecken und experimentieren.

Herausforderungen

- **Verlust der Originalität**: Automatisierte Inhalte könnten den kreativen Prozess oberflächlicher machen.
- **Qualität und Authentizität**: Eine Flut generierter Inhalte könnte den Wert origineller Kunst verwässern und zu einer Homogenisierung führen.

1.3.3 KI in sozialen Medien: Ein Weg in die Zukunft

Die fortschreitende Entwicklung von KI und sozialen Medien eröffnet neue Möglichkeiten in der Kulturvermittlung, stellt jedoch auch ethische und gesellschaftliche Fragen. Um die positiven Potenziale der KI in sozialen Medien effektiv zu nutzen und die negativen Auswirkungen zu minimieren, müssen wir die Balance zwischen Innovation und Verantwortung finden.

Herausforderungen und ethische Fragen

- **Authentizität:** KI-generierte Inhalte könnten die Wahrnehmung von Originalität und Authentizität verändern. Es besteht die Gefahr, dass die Tiefe und der Wert kultureller Ausdrucksformen verwässert werden.

- **Erhalt kultureller Vielfalt:** Obwohl KI personalisierte Inhalte bietet, könnte sie unbeabsichtigt dazu führen, dass weniger bekannte oder weniger populäre Kulturen und Ausdrucksformen marginalisiert werden.
- **Ethik und Verantwortung:** Der Einsatz von KI auf sozialen Medien muss transparent und verantwortungsvoll gestaltet werden, um Vorurteile oder Verzerrungen in den verbreiteten kulturellen Narrativen zu vermeiden.
- **Zugang und Ungleichheit:** Nicht jeder hat gleichermaßen Zugang zu diesen Technologien. Die digitale Kluft könnte sich vertiefen und den Zugang zu kulturellen Inhalten für bestimmte Gruppen erschweren.

1.3.4 Ausblick

Die Integration von KI in sozialen Medien bietet ein enormes Potenzial für die Weiterentwicklung der Kulturvermittlung, indem sie globale Reichweiten und interaktive Erfahrungen ermöglicht. Um jedoch sicherzustellen, dass diese Technologien der Kultur und Kunst zugutekommen, sind verantwortungsvolle Ansätze erforderlich. Dazu gehören:

- **Stärkung digitaler Kompetenzen:** Eine gezielte Bildung sollte gewährleisten, dass Kulturschaffende und Institutionen die neuen Technologien effektiv und kritisch nutzen können.
- **Regulierung und Transparenz:** Klare Richtlinien sind notwendig, um ethische Standards in der Nutzung von KI zu gewährleisten und Missbrauch zu verhindern.
- **Inklusion und Vielfalt:** Eine vielfältige und inklusive Kulturvermittlung, die auch weniger bekannte Perspektiven berücksichtigt, sollte im Mittelpunkt der Nutzung von KI stehen.
- Ausstattung und Finanzierung: Es gilt, analog wie in der Digitalisierung, Institutionen und Personal ausreichend mit Tools und Lizenzen auszustatten, um die technologische Teilhabe zu gewährleisten.

Durch den verantwortungsvollen Einsatz von KI und sozialen Medien kann die Kulturvermittlung auf eine Weise gestaltet werden, die sowohl die Reichweite als auch die Vielfalt der kulturellen Inhalte fördert, ohne die Authentizität und Tiefe der menschlichen Kultur zu gefährden.

Diskutieren Sie mit!

- Wie verändern KI-gesteuerte Empfehlungssysteme das Nutzerverhalten auf sozialen Medien?
- Welche potenziellen Vorteile und Gefahren sehen Sie darin?
- In welchem Maße sollten soziale Medien für die Verbreitung von Fehlinformationen verantwortlich gemacht werden, die durch ihre Algorithmen verstärkt werden?
- Welche ethischen Überlegungen sollten bei der Entwicklung und Implementierung von KI in sozialen Medien berücksichtigt werden?

Technologie und Kunst

2

Inhaltsverzeichnis

Schlüsselfragen

- Wie verändert Technologie die Art und Weise, wie Kunst geschaffen und vermittelt wird?
- Welche technologischen Innovationen könnten das Potenzial haben, die Kunstwelt in den nächsten Jahren grundlegend zu transformieren?
- Inwiefern beeinflusst die digitale User Experience (UX) das Erleben von Kunst in Museen und Kulturinstitutionen?
- Wie können immersive Technologien wie Augmented Reality (AR) und Virtual Reality (VR) die Beziehung zwischen Kunstwerken und ihrem Publikum verändern?
- Welche Chancen und Herausforderungen ergeben sich für kulturelle Institutionen durch den Einsatz von Technologien wie Chatbots und Gamification?
- In welchem Maß kann Technologie helfen, Kunst für ein breiteres und diverses Publikum zugänglicher zu machen?
- Welche Auswirkungen hat SEO auf die Sichtbarkeit und Zugänglichkeit von Kunst- und Kulturangeboten im digitalen Raum?

© Der/die Autor(en), exklusiv lizenziert an Springer Fachmedien Wiesbaden
GmbH, ein Teil von Springer Nature 2025
W. Zoungrana et al., *KI und Social Media in der Kulturvermittlung*, Kunst- und
Kulturmanagement, https://doi.org/10.1007/978-3-658-48621-1_2

17

- Wie können Museen und Bildungseinrichtungen technologische Trends nutzen, um das Engagement und die Interaktion mit ihrem Publikum zu fördern?

Schlüsselkonzepte

- Chatbots
- User Experience (UX) und User Interface (UI)
- User Experience
- Gamification
- Machinima
- Augmented Reality (AR) und Virtual Reality (VR)
- Suchmaschinenoptimierung (SEO)

Technologische Innovationen haben die Art und Weise, wie Kunst geschaffen, vermittelt und erlebt wird, grundlegend verändert. Doch welche konkreten Entwicklungen beeinflussen diese Transformation, und welche Potenziale und Herausforderungen eröffnen sich dadurch für die Kunstwelt?

Von immersiven Technologien wie Augmented Reality (AR) und Virtual Reality (VR), die die Beziehung zwischen Kunstwerken und ihrem Publikum neu definieren, bis zu digitalen Tools wie Chatbots und Gamification, die kulturelle Institutionen bei der Interaktion mit ihrem Publikum unterstützen – die Möglichkeiten scheinen sehr vielfältig. Gleichzeitig stellen sich Fragen zur digitalen User Experience (UX) in Museen, zur Rolle von SEO für die Sichtbarkeit von Kunst im Internet und zur Zugänglichkeit von Kulturangeboten für ein breiteres und diverses Publikum.

Im Zentrum vieler dieser Entwicklungen stehen Technologien, die zunehmend unser digitales Leben prägen und Prozesse automatisieren, oft im Hintergrund und unbemerkt. „AI is relevant to any intellectual task; it is a truly universal field", schreiben Russell und Norvig (2022, S. 20). Dieses Zitat bringt die universelle Anwendbarkeit Künstlicher Intelligenz (KI) treffend auf den Punkt. KI hat sich längst als allgegenwärtige Technologie etabliert, die in vielen IT-Tools und Anwendungen Prozesse im Hintergrund steuert – von personalisierten Inhaltsempfehlungen in sozialen Medien über intelligente Suchalgorithmen bis hin zur automatisierten Datenanalyse. Diese tiefgreifende Integration in unseren Alltag macht deutlich, wie relevant KI auch für Kunst und Kultur ist und welche Möglichkeiten sie bietet, diese Bereiche zu revolutionieren.

Dieses Kapitel beleuchtet zentrale Fragen: Wie können Museen und Bildungseinrichtungen technologische Trends nutzen, um Engagement und Interaktion zu fördern? Welche Rolle spielen immersive Technologien, und wie beeinflusst die digitale UX das Kunsterlebnis? Und schließlich: Wie kann Technologie helfen, Kunst einem vielfältigen Publikum zugänglich zu machen?

2.1 Subversive UX

Usability beschreibt, wie benutzerfreundlich und effizient ein Produkt, eine Website oder eine Anwendung genutzt werden kann. Dazu gehören Aspekte wie Erlernbarkeit, Bedienbarkeit, Fehlertoleranz und die Zufriedenheit der Nutzer*innen. Eine hohe Usability ermöglicht es, dass Ziele schnell und ohne Hindernisse erreicht werden.

User Experience (UX) geht über die reine Usability hinaus und umfasst das gesamte Erlebnis und die Wahrnehmung der Nutzer*innen bei der Interaktion mit einem Produkt, einer Dienstleistung oder einem System (vgl. Jacobsen & Meyer, 2019, S. 31–34). Neben funktionalen Aspekten berücksichtigt UX emotionale, ästhetische und kognitive Elemente der Nutzung. Faktoren wie Freude, Vertrauen, Zufriedenheit und ein Gefühl von Kontrolle spielen dabei eine zentrale Rolle.

Der Begriff ‚User Experience' entstand aus der Erkenntnis, dass reine Funktionalität und einfache Bedienbarkeit nicht ausreichen, um Nutzer*innen langfristig zu binden. Emotionale Bindungen und positive Erlebnisse sind entscheidend für Kundenzufriedenheit, Markentreue und Weiterempfehlungen. UX ist dabei nicht auf digitale Dienste wie Websites oder Apps beschränkt, sondern prägt auch physische Produkte, Dienstleistungen und Markenerlebnisse. Elemente wie Verpackungsdesign, Kundenservice und die Atmosphäre in Geschäften beeinflussen die Wahrnehmung und tragen zur Gesamt-UX bei.

Mit der zunehmenden Verbreitung digitaler Technologien wurde die Bedeutung des Nutzungserlebnisses immer deutlicher. Es zeigte sich, dass der Erfolg digitaler Angebote nicht nur von ihrer Funktionalität, sondern maßgeblich vom Nutzungserlebnis abhängt. Heute ist UX ein zentraler Bestandteil des Entwicklungsprozesses und beeinflusst die gesamte Nutzererfahrung – von der ersten Interaktion bis zur langfristigen Bindung und möglichen Weiterempfehlung.

Ein gutes Nutzungserlebnis fördert Zufriedenheit, Vertrauen und Nutzerbindung, während schlechte Erfahrungen Frustration, Ablehnung und Abwanderung hervorrufen können. Daher ist die Integration von UX-Prinzipien essentiell, um Produkte nicht nur funktional, sondern auch intuitiv, ansprechend und angenehm zu gestalten. Dabei bieten etablierte Normen und Standards Orientierung, um Qualitätsmaßstäbe zu gewährleisten.

Eine zentrale Richtlinie in diesem Bereich ist die DIN EN ISO 9241, die Standards für die Ergonomie der Mensch-System-Interaktion definiert. Sie bietet weltweit anerkannte Leitlinien zur Gestaltung benutzerfreundlicher Systeme, von Benutzeroberflächen bis hin zu Interaktionselementen, und stellt sicher, dass Produkte erlernbar, effizient, bedienbar und zufriedenstellend in der Nutzung sind.

2.1.1   UX und Usability in der digitalen Kunst

In der digitalen Kunst spielen UX und Usability eine zentrale Rolle, insbesondere in Bereichen wie Gaming und Video-Installationen. Künstler*innen wie Danielle Brathwaite-Shirley, Mikhail Maksimov, Cassie McQuater, Nicole Ruggiero, Tian Xiaolei und Theo Triantafyllidis nutzen diese Prinzipien gezielt, um Spielerinnen in alternative Realitäten zu versetzen oder sich bewusst von konventionellen und kommerziellen Spielen abzugrenzen. Ihre subversiven Werke hinterfragen traditionelle Erwartungen und gesellschaftliche Normen, indem sie die gestalterischen Möglichkeiten von UX und Usability kreativ ausschöpfen.

2.1.1.1   Danielle Brathwaite-Shirley: Bildschirm-Zittern und visuelle Blitze für radikale Kunst

Danielle Brathwaite-Shirley ist eine multidisziplinäre Künstlerin, deren Werke sich intensiv mit Themen wie Geschlechtsidentität, Rassismus und Marginalisierung auseinandersetzen. Sie nutzt digitale Medien und insbesondere Videospiele, um Geschichten Schwarzer trans Menschen sichtbar zu machen. Ihre Werke, darunter BLACKTRANSREVOLUTION.COM, BLACKTRANSARCHIVE.COM, RESURRECTIONLAND.COM und BLACKTRANSAIR.COM, sind sowohl narrative Erlebnisse als auch politische Statements, die die User Experience (UX) und Usability bewusst subversiv einsetzen, um Betrachter*innen zu aktiven Teilnehmer*innen zu machen.

Subversion durch UX: Das Beispiel BLACKTRANSREVOLUTION.COM

BLACKTRANSREVOLUTION.COM demonstriert eindrucksvoll, wie Brathwaite-Shirley UX- und Usability-Prinzipien transformiert, um traditionelle Erwartungen an Gameplay infrage zu stellen. Statt einer klassischen Spielstruktur bietet das Werk eine fragmentierte und nicht-lineare Erzählweise, die durch Wiederholungen und Unterbrechungen geprägt ist. Diese Gestaltung verstärkt das Gefühl von Unsicherheit und Instabilität – eine bewusste Parallele zu den Herausforderungen, denen trans Personen in der realen Welt oft begegnen.

Durch die strategische Komplexität der Navigation zwingt das Spiel die Spieler*innen dazu, ihre Entscheidungen sorgfältig zu überdenken. Design-Elemente wie „Audio Stuttering" und visuelle Störungen, die in kommerziellen Spielen als Fehler gelten könnten, werden hier als narrative Werkzeuge eingesetzt. Diese bewussten Störungen intensivieren die emotionale Wirkung und schaffen eine Verbindung zwischen der psychologischen Belastung der Charaktere und den Spieler*innen, wodurch die Grenze zwischen Spiel und Realität verschwimmt. ◄

Thematische Tiefe und politischer Kontext Das Spiel integriert tiefgehende Themen wie Tod, Dysphorie und Radikalismus in die Spielerfahrung. Scheitern wird dabei nicht als Misserfolg, sondern als Bestandteil des Spiels verstanden, der Lernprozesse und Wiederholungen fördert. Diese Herangehensweise spiegelt reale Herausforderungen wider, mit denen marginalisierte Gruppen konfrontiert sind, und nutzt UX-Elemente, um politische Bildung und emotionale Resonanz zu schaffen.

Immersive Techniken in der Ausstellungskunst In der Berliner Ausstellung *The Soul Station,* beschrieben von Sophie Wagner (2021) in *Monopol,* setzte Brathwaite-Shirley immersive UX-Elemente wie künstlichen Nebel, dröhnende Soundscapes und intensive Beleuchtung ein. Diese Gestaltung verstärkte die Wahrnehmung der Besucher*innen und schuf eine kollektive Erfahrung, die persönliche und politische Aspekte miteinander verband. Interaktivität war dabei nicht nur ein ästhetisches Mittel, sondern ein integraler Bestandteil der narrativen Struktur, die eine direkte Auseinandersetzung mit Themen wie Diskriminierung und Identität erforderte.

Kunst als Plattform für Aktivismus Danielle Brathwaite-Shirleys Arbeiten zeigen eindrucksvoll, wie UX und Usability über funktionale Aspekte hinausgehen und als Werkzeuge für kulturelles und soziales Bewusstsein dienen können. Ihre Spiele und Installationen fungieren nicht nur als interaktive Kunstwerke, sondern auch als Plattformen für politischen Aktivismus und Bildung. Sie laden Spieler*innen ein, Vorurteile zu reflektieren und ihre Handlungen kritisch zu hinterfragen – und beweisen so, dass die Gestaltung von UX ein mächtiges Mittel für gesellschaftliche Veränderung sein kann.

2.1.1.2 McQuater und die Manipulation des Browserfensters

Während Danielle Brathwaite-Shirley die schwarze Transidentität und die subversive Nutzung von UX-Elementen wie Bildschirmzittern und visuellen Blitzen in den Fokus ihrer Werke stellt, nutzt Cassie McQuater ebenso innovative Ansätze, um die User Experience als künstlerisches Ausdrucksmittel zu subvertieren. In ihrem Spiel *Black Room* (2017) verbindet McQuater narrative Tiefe mit einer einzigartigen Steuerungsmechanik: Der Fortschritt im Spiel wird durch die Größe des Browserfensters beeinflusst. Diese unkonventionelle Interaktionsweise fordert die Spieler*innen heraus, traditionelle UX-Konzepte zu hinterfragen und das Spiel auf eine Art zu erleben, die weit über gängige Interfaces hinausgeht.

Das Spiel verlagert Kontrolle und Entdeckung in die Hände der Nutzer*innen, indem es die Manipulation des Browsers als zentrales Interface einsetzt. Dies erzeugt eine besondere Intimität und Vertraulichkeit – ähnlich einem gut gehüteten Geheimnis, das von Person zu Person weitergegeben wird. Black Room, ein feministischer Dungeon-Crawler, verwischt die Grenzen zwischen klassischem Gaming und künstlerischem Ausdruck (vgl. McQuater, 2017). Die Verwendung von Vintage-Videospiel-Sprites und die thematische Verankerung in der Schlaflosigkeit am Computer betonen die subversive Natur des Spiels. Es setzt sich kritisch mit patriarchalen Erzählmustern und der Objektifizierung von Figuren in der Gaming-Kultur auseinander (vgl. Himmelsbach & Magrini, 2021). Hier wird UX nicht nur als technisches Mittel, sondern als integraler Bestandteil des künstlerischen Ausdrucks verstanden, der die Spieler*innen dazu einlädt, die digitale Welt kritisch und reflektiert zu erkunden.

Friedliche Subversion und alternative Narrative in der Gaming-Kultur Auch Theo Triantafyllidis nutzt in *Pastoral* (2019) UX und Usability, um traditionelle Gaming-Narrative zu durchbrechen. Anstelle der gewohnten Darstellungen von Gewalt und Konflikt in Fantasy-Spielen präsentiert er friedliche, oft absurde Szenarien, die mehr zum Nachdenken als zur Aktion anregen. Die bewusste Manipulation von UX-Design schafft neue Erwartungen an Interaktivität und regt die Spielenden dazu an, ihre Wahrnehmung von Gewalt und Geschlechterrollen kritisch zu hinterfragen (vgl. Himmelsbach & Magrini, 2021).

UX und Usability in der Machinima-Kunst Im Kontext von Machinima, einer Kunstform, die Videospieltechnologie zur Erstellung von Filmen nutzt, spielen UX und Usability ebenfalls eine zentrale Rolle. Die intuitive Navigation und die Qualität der Interaktionsmöglichkeiten beeinflussen maßgeblich, wie effektiv narrative Botschaften vermittelt werden. Künstlerische Machinima-Werke greifen oft auf bestehende Spiele und deren UX-Design zurück, um kritische und alternative

Geschichten zu erzählen. Durch die subversive Anpassung dieser Designelemente eröffnen Künstler*innen neue Perspektiven auf soziale und kulturelle Themen.

2.1.1.3 Darkgame und User Interface (UI): Subversion als Inklusion

Eddo Stern, ein renommierter Medienkünstler und Spieldesigner, ist bekannt für seine innovativen Ansätze zur Nutzung und Subversion von Benutzeroberflächen (UI) in digitalen Medien. Seine Arbeiten hinterfragen die traditionellen Grenzen des Interfaces, indem sie den Spieler*innen von gewohnten visuellen und auditiven Rückmeldungen entkoppeln. Besonders bemerkenswert ist Sterns Spiel *Darkgame,* das die Definition von „Interface" weit über Bildschirm und Lautsprecher hinaus erweitert. Mit physischen Geräten, die die Sinne gezielt manipulieren, fordert es die Spieler*innen heraus, sich auf neue, ungewohnte Weise mit der digitalen Welt zu verbinden und dadurch ein intensives, einzigartiges Spielerlebnis zu erfahren.

Darkgame setzt sensorische Deprivation als zentralen Spielmechanismus ein und nutzt Sinnesmanipulation, um tiefere Ebenen der Interaktion und Immersion zu schaffen. Die Spieler*innen tragen speziell angefertigte Kopfausrüstungen, die verschiedene sensorische Reize ausüben und eine Orientierung in der virtuellen Welt ohne visuelle oder auditive Hilfsmittel ermöglichen. Diese innovative Gestaltung fordert von den Teilnehmenden, neue Wege der Wahrnehmung und Kommunikation zu erkunden, während sie über das Internet mit anderen Spieler*innen interagieren. So wird die Spielerfahrung über konventionelle Rückmeldungen hinaus erweitert, was zu einem immersiven Eintauchen in die Spielwelt führt (vgl. Stern, n.d.).

Ein besonderes Merkmal von *Darkgame* ist sein inklusiver Ansatz. Das Spiel wurde speziell entwickelt, um auch seh- und hörbeeinträchtigte Spieler*innen einzubeziehen. In Zusammenarbeit mit dem Los Angeles Braille Institute getestet, zeigt dieses Projekt, wie Kunst und Technologie für soziale Zugänglichkeit und Inklusion genutzt werden können. Dieser Fokus auf Barrierefreiheit unterstreicht Sterns Ziel, innovative Spielmechaniken mit gesellschaftlicher Verantwortung zu verbinden.

Eddo Sterns *Darkgame* stellt einen wichtigen Fortschritt in der Welt der Computerspiele dar. Indem es traditionelle Benutzeroberflächen subvertiert und sensorische Deprivationstechniken integriert, eröffnet das Spiel neue Perspektiven auf Kommunikation, Konflikt und Interaktion. Stern verbindet Kunst und Technologie zu einer Plattform, die nicht nur ein außergewöhnliches Spielerlebnis bietet, sondern auch soziale Inklusion und experimentelle Interaktivität fördert.

2.2 Gamification, AR, VR

2.2.1 Gamification: Chancen, Kritik und künstlerische Anwendungen

Gamification ist ein kontrovers diskutiertes Konzept. Auf der einen Seite stehen die Befürworter*innen, die sich auf anthropologische Spieltriebe und die neurologischen Verbindungen zwischen Gehirn, Nervensystem und Spielverhalten berufen (vgl. Zichermann und Cunningham, 2011). Gabe Zichermann und Christopher Cunningham zum Beispiel, Autoren von *Gamification by Design*, preisen Gamification als einen der größten Problemlöser der Welt an. Jane McGonigal geht in ihrem Werk *Reality is Broken* sogar so weit, zu behaupten, dass Gamification eine weitaus bessere Realität schaffen könne.

Auf der anderen Seite stehen Kritiker*innen wie Evgeny Morozov und Shoshana Zuboff, die auf die potenziellen Risiken der Gamification hinweisen. Sie beziehen sich dabei häufig auf die Theorien des Verhaltensforschers B.F. Skinner, einem Pionier des Behaviorismus. Skinner postulierte, dass menschliches Verhalten durch positive oder negative Verstärkung kontrolliert werden kann – ein Konzept, das in der Gamification breite Anwendung findet (vgl. Zuboff, 2019, S. 215, 312–313). Morozov warnt in seinem Buch *To Save Everything, Click Here* vor einem „Solutionismus" und kritisiert Gamification dafür, oft Probleme lösen zu wollen, die gar nicht existieren (vgl. Morozov, 2013, S. 304–306).

2.2.2 Gamification in der Kunstvermittlung

Ein spannendes Feld, in dem Gamification Anwendung findet, ist die Kunstvermittlung. Bereits seit den 1980er Jahren engagieren sich Künstler*innen in der Gaming-Industrie, wie die Herausgeber Himmelsbach und Magrini festhalten. Damals intervenierten Künstler*innen sowohl innerhalb als auch außerhalb der Industrie, indem sie kommerzielle Spiele subversiv dekonstruieren oder eigene visuelle Umgebungen entwickelten. Heute liegt der Fokus vermehrt auf „World Building" – der Schaffung immersiver und narrativer Welten, die neue künstlerische Ausdrucksformen ermöglichen (vgl. Himmelsbach & Magrini, 2021, S. 6).

Bevor die Verbindung zwischen Gamification, Kunst und Bildung weiter untersucht werden kann, ist es jedoch essentiell, die Konzepte von Augmented Reality (AR) und Virtual Reality (VR) zu definieren und ihre Beziehung zur Künstlichen Intelligenz (KI) zu beleuchten.

2.2.3 Augmented Reality und ihre Verbindung zur KI

Augmented Reality (AR) erweitert die physische Welt durch digitale Elemente, die in Echtzeit über eine Kameraansicht oder spezielle AR-Geräte wie Brillen eingeblendet werden. Diese Technologie integriert computergenerierte Inhalte wie Bilder, Videos oder interaktive Daten in die reale Umgebung. Ein populäres Beispiel ist das Spiel *Pokémon GO*, bei dem virtuelle Kreaturen in der realen Welt erscheinen und eingefangen werden können.

Nach Azuma (vgl. Azuma, 1997) zeichnet sich AR durch drei Hauptmerkmale aus: die Kombination von realer und virtueller Welt, die Interaktivität in Echtzeit und die dreidimensionale Verankerung virtueller Objekte in der realen Umgebung. In Verbindung mit KI kann AR personalisierte und kontextabhängige Inhalte liefern, indem sie die Umgebung analysiert und die Interaktionen der Nutzer*innen in Echtzeit anpasst (vgl. Peddie, 2017).

2.2.4 Virtual Reality (VR): Immersion und künstlerische Transformation

Virtual Reality (VR) wird von Back (2017, S. 17) als ein Oxymoron beschrieben, da sie eine scheinbar paradoxe Verbindung zwischen der realen und der virtuellen Welt herstellt. VR bietet eine immersive Erfahrung, bei der die Nutzer*innen in vollständig computergenerierte Umgebungen eintauchen. Mithilfe von VR-Headsets wie der Oculus Rift oder der HTC Vive können sie in dreidimensionale Welten eintauchen, die interaktiv und umfassend gestaltet sind. Diese Technologie ermöglicht es den Nutzer*innen, alternative Realitäten zu erleben, in denen sie physisch nicht präsent sind, aber dennoch ein starkes Gefühl der Präsenz erleben – als ob sie tatsächlich in der virtuellen Welt wären (vgl. Slater & Sanchez-Vives, 2016). Durch die Integration von Künstlicher Intelligenz (KI) können VR-Umgebungen dynamisch auf die Handlungen der Nutzer*innen reagieren, was eine noch intensivere und personalisierte Erfahrung ermöglicht (vgl. Kaplan & Haenlein, 2019).

Himmelsbach (2017, S. 4) zieht einen historischen Vergleich zwischen der Einführung von VR in der Kunst und der Einführung der Perspektive in der Malerei während der Renaissance. Perspektive ermöglichte es Künstler*innen, Tiefe und Realismus zu vermitteln und die Betrachter*innen in das Bild „hineinzuziehen". VR geht noch weiter, indem es die Betrachter*innen vollständig in eine virtuelle Welt eintauchen lässt und ein Gefühl vermittelt, wirklich Teil der dargestellten Szenerie zu sein. Diese technologische Weiterentwicklung verändert das

Verhältnis zwischen Kunst und Betrachter*innen, indem sie die Grenze zwischen Beobachtung und aktiver Teilnahme aufhebt.

Ein zentraler Aspekt von VR, der immer wieder hervorgehoben wird, ist seine Fähigkeit, als „Empathiemaschine" zu fungieren. Diese Bezeichnung ergibt sich daraus, dass VR den Nutzer*innen ermöglicht, die Perspektive anderer zu übernehmen und Situationen hautnah zu erleben, die normalerweise unzugänglich wären. Himmelsbach argumentiert, dass VR durch seine immersive Natur ein tiefes Eintauchen in das Geschehen ermöglicht, was das Empathieempfinden verstärken kann. Wenn Nutzer*innen beispielsweise durch VR die Realität eines Kriegsgebiets oder die Erfahrungen von Flüchtlingen erleben, kann dies starke emotionale Reaktionen hervorrufen und das Mitgefühl für die betroffenen Personen und Situationen intensivieren.

Ein weiterer wichtiger Punkt, den Himmelsbach anspricht, ist die Art und Weise, wie VR die Kunstwahrnehmung verändert. In traditionellen Kunstformen besteht oft eine klare Trennung zwischen dem Betrachter und dem Kunstwerk, bedingt durch den physischen Raum und das Medium. VR hingegen ermöglicht eine direkte Immersion in das Kunstwerk, sodass der Betrachter*innen nicht mehr nur Zuschauer*innen ist, sondern aktiv am Kunstwerk teilnimmt, es navigiert und mit ihm interagiert. Kunst wird so zu einer Erfahrung, die nicht nur das Sehen, sondern auch das Erleben umfasst.

Obwohl VR als eine völlig neue künstlerische Realität angesehen wird, erinnert Himmelsbach daran, dass der Wunsch nach immersiven Erfahrungen tief in der Kunstgeschichte verwurzelt ist. Bereits im 19. Jahrhundert boten Panoramen und frühe filmische Apparate Erlebnisse, die dem Betrachter das Gefühl gaben, Teil der dargestellten Szene zu sein. Diese historischen Beispiele verdeutlichen, dass die Sehnsucht, in ein Bild oder eine Szene „einzutreten", eine beständige Kraft in der Kunstgeschichte darstellt.

Sauerländer (2017, S. 11), die eine Gruppenausstellung von VR-Künstler*innen kuratierte, nachdem neue VR-Technologien wie HTC Vive, Oculus Rift und Google Cardboard auf den Markt kamen, untersucht dieses anhaltende Verlangen nach Immersion. Sie führt dieses Bedürfnis bis zu den Innenräumen der Pyramiden, den Fresken der Renaissance, Panoramabildern, Stereoskopen und großen Kinoleinwänden zurück. Diese historischen und künstlerischen Beispiele verdeutlichen, dass die Faszination, in eine Darstellung „einzutreten", tief in der menschlichen Kultur verwurzelt ist.

Die Entwicklung der VR-Technologie zeigte jedoch auch Herausforderungen. Trotz des vielversprechenden Starts von Geräten wie HTC Vive und Oculus Rift konnte sich VR nicht vollständig durchsetzen, da hohe Kosten und technische Anforderungen einen breiten Durchbruch verhinderten. Dennoch haben sich

Nischenanwendungen in Bereichen wie Bildung, Therapie und Kunst etabliert, wo die immersiven Qualitäten von VR bedeutende Vorteile bieten. In Deutschland und weltweit hat der Markt für VR-Produkte durch Entwicklungen in interaktiver Kunst, Gaming und therapeutischen Anwendungen an Dynamik gewonnen.

2.2.5 Gamification, AR, VR und KI in der Kunstvermittlung

In der modernen Kunstvermittlung finden Gamification, AR, VR und zunehmend auch KI-Anwendung, um das Lernen und die kreative Entfaltung zu fördern. Diese Technologien ermöglichen es Künstler*innen und Pädagog*innen, immersive und interaktive Erfahrungen zu schaffen, die traditionelle Lehrmethoden ergänzen und erweitern.

Gamification nutzt spieltypische Elemente wie Punkte, Abzeichen und Ranglisten, um die Motivation und das Engagement der Lernenden zu steigern. In Kombination mit AR und VR entstehen Lernumgebungen, die nicht nur unterhaltsam sind, sondern auch tiefere Lernprozesse anregen. Mithilfe von KI können diese Umgebungen analysieren, wie Nutzer*innen interagieren und die Aufgaben dynamisch anpassen, um den Lernprozess zu fördern (vgl. Deterding et al., 2011).

VR und AR in der Kunst bieten die Möglichkeit, traditionelle Kunstwerke und Konzepte neu zu interpretieren und erlebbar zu machen. Historische Gemälde oder Skulpturen können in einer VR-Umgebung erkundet werden, wodurch Lernende und Museumsbesucher*innen Kunst aus einer neuen Perspektive erleben. AR kann Kunstwerke in den öffentlichen Raum integrieren, indem digitale Installationen in realen Umgebungen projiziert werden. Durch die Einbindung von KI können interaktive Kunstwerke entstehen, die auf die Handlungen und Vorlieben der Betrachter*innen reagieren.

Beispielhafte Anwendungen sind Projekte wie das von Danielle Brathwaite-Shirley, die VR und Gamification nutzt, um interaktive Spiele zu entwickeln, die sich mit den Erfahrungen schwarzer Transpersonen auseinandersetzen. Diese nutzen KI, um Inhalte in Echtzeit auf die Interaktionen der Nutzer*innen abzustimmen und narrative Erlebnisse zu schaffen, die tiefes Empathieverständnis fördern. Ebenso verwendet Lawrence Lek computergenerierte Umgebungen, die durch KI unterstützt werden, um narrative Welten zu erschaffen, die auf den Handlungen der Nutzer*innen basieren und ein personalisiertes Kunsterlebnis bieten.

2.2.6 Lawrence Lek: Immersive digitale Welten und die kritische Auseinandersetzung mit Zukunftstechnologien

Lawrence Lek nutzt digitale Medien, um immersive narrative Welten zu erschaffen, die sich kritisch mit Zukunftstechnologien, Arbeit und gesellschaftlichen Veränderungen auseinandersetzen. Ein zentrales Thema seiner Arbeit ist der von ihm geprägte Begriff des „Sinofuturismus", ein spekulatives Konzept, das technologische Entwicklungen in China mit Elementen der Science-Fiction verbindet, um kulturelle Identität und geopolitische Machtstrukturen zu hinterfragen. Lek setzt dabei Virtual Reality (VR) und Augmented Reality (AR) ein, um zu erforschen, wie digitale Realitäten unsere Wahrnehmung und das soziale Gefüge beeinflussen können.

Ein herausragendes Werk von Lawrence Lek ist *Play Station*™ aus dem Jahr 2017, eine VR-Installation, die im Rahmen der Art Night London gezeigt wurde. In diesem Projekt entwirft Lek ein futuristisches Szenario, das die Grenzen zwischen Arbeit und Freizeit in einer Welt der totalen Automatisierung verwischt. *Play Station*™ spielt im Jahr 2037 und ist in einer futuristischen Version des White Chapel Buildings in London angesiedelt, das als Hauptsitz des fiktiven Technologieunternehmens Farsight dient. Farsight ist ein globaler Marktführer im Bereich der digitalen Automatisierung und verfolgt die Philosophie, dass seine Mitarbeiter*innen ihre Arbeit maximal auslagern sollten. Als Belohnung für erfolgreiches Outsourcing erhalten diese exklusiven Zugang zu Unterhaltungsmöglichkeiten und virtuellen Urlauben (vgl. Lek, 2017a).

Der Zugang zur Welt von *Play Station*™ erfolgt durch eine künstlerisch gestaltete Installation, die VR-Headsets, Video-Tutorials und Voice-over-Anleitungen umfasst. Besucher*innen können als Spieler*innen oder Beobachter*innen in diese virtuelle Welt eintauchen und die zunehmende Auflösung der Grenzen zwischen Arbeits- und Freizeitwelt erleben. Das Werk regt zur Reflexion darüber an, wie Technologien zur Verschmelzung von Arbeit und Freizeit beitragen und dabei die Struktur des täglichen Lebens neu gestalten (vgl. Lek, 2017a).

In *Geomancer* (2017), dem zweiten Teil seiner Sinofuturismus-Trilogie, blickt Lek noch weiter in die Zukunft. Dieser mit einer Videospiel-Engine erstellte Kurzfilm enthält eine von einem neuronalen Netzwerk generierte Traumsequenz sowie eine von Lek selbst komponierte synthetische Klanglandschaft. Die Geschichte folgt einer künstlichen Intelligenz, die im Jahr 2065 ein Bewusstsein entwickelt und nach kreativer Freiheit strebt. *Geomancer* erforscht die Auswirkungen posthumaner Existenz auf Identität und Gesellschaft und greift dabei zentrale Themen des Sinofuturismus auf: die Bedeutung von Technologie in der kulturellen Entwicklung Chinas und deren Einfluss auf die globale Machtbalance (vgl. Lek, 2017b).

Geomancer ist eingebettet in eine größere narrative Struktur, die mit *Sino-futurism (1839–2046 AD)* (2016) beginnt und mit *AIDOL* (2019) endet. Diese Trilogie stellt eine tiefgehende künstlerische Untersuchung der Beziehungen zwischen Mensch, Maschine und Kultur dar und bietet eine kritische Perspektive auf die fortschreitende Technologisierung der Gesellschaft (vgl. Lek, 2016).

Ein weiteres bemerkenswertes Projekt, das Leks visionäre Sicht auf die Zukunft der Kunst und deren Vermittlung verdeutlicht, ist die Ausstellung *Farsight Freeport* (2019) im HEK in Basel. Diese Installation simuliert ein „smartes" Museum der Zukunft, in dem digitale Kunstwerke sicher gelagert, ausgetauscht und präsentiert werden können. Lek entwirft hier ein Szenario, in dem Kunstsammler*innen im Jahr 2029 Zugang zu einer hochmodernen Plattform erhalten, die das Management und die Ausstellung digitaler Kunstkollektionen ermöglicht (Lek, 2019a). Damit thematisiert Lek die Zukunft der Kunstaufbewahrung und -präsentation in einer zunehmend digitalen Welt.

Leks Arbeiten zeigen, wie digitale Technologien und immersive Medien die Kunstwahrnehmung und -vermittlung grundlegend verändern können. Er nutzt VR und AR nicht nur zur Erschaffung neuer ästhetischer Erlebnisse, sondern auch als Plattformen für die kritische Auseinandersetzung mit zeitgenössischen sozialen und politischen Fragen. *Sinofuturismus,* als Leitmotiv seiner Werke, bietet die Möglichkeit, über Chinas Rolle in der globalen technologischen Entwicklung nachzudenken und gleichzeitig Fragen zu kultureller Identität und geopolitischer Macht zu thematisieren.

Indem er virtuelle Realitäten nutzt, um alternative Zukünfte zu erforschen, erweitert Lek die traditionellen Grenzen der Kunst und schafft neue Formen der Interaktion und des Engagements mit dem Publikum. Seine Arbeiten regen dazu an, über die ethischen und sozialen Implikationen von Automatisierung, künstlicher Intelligenz und Digitalisierung nachzudenken. Sie verdeutlichen, dass Kunst im digitalen Zeitalter nicht nur ästhetischen Genuss bieten kann, sondern auch eine Plattform für gesellschaftlichen Diskurs und kritische Reflexion ist.

Künstler wie Lawrence Lek tragen zur Auseinandersetzung mit den Auswirkungen technologischen Wandels bei und demonstrieren, wie Kunst als Medium zur Erforschung neuer Ideen und zur Bewältigung der Herausforderungen unserer Zeit genutzt werden kann. Lek fordert uns auf, die technologischen Entwicklungen nicht nur als Fortschritt zu begreifen, sondern auch als Anlass zur kritischen Hinterfragung und Reflexion über die Zukunft, die wir gestalten wollen.

2.2.7 Keiken und das transhumane Bewusstsein an der Schnittstelle von VR und AR: Eine Erkundung von morphogenischen Engeln und spekulativen Technologien

Das Künstlerkollektiv Keiken, bestehend aus Tanya Cruz, Hana Omori und Isabel Ramos, nutzt die Grenzen von Virtual Reality und Augmented Reality, um die Interaktionen zwischen menschlichem Bewusstsein, Technologie und spekulativen Zukunftsszenarien zu erforschen. Ihre Werke eröffnen ein faszinierendes Fenster in eine Welt, in der Menschen über ihre organischen Grenzen hinauswachsen und sich mit nicht-menschlichen Formen des Bewusstseins verbinden. Besonders deutlich wird diese Vision in *Morphogenic Angels Chapter 1* und *Bubble Theory*, zwei Arbeiten, die immersive Installationen und interaktive Erlebnisse miteinander kombinieren.

Morphogenic Angels Chapter 1 wurde 2023 am HAU Berlin präsentiert und zeigt eine interaktive Installation, die Live-Gaming mit immersiven Elementen wie CGI-Film, VR und Spielstationen verbindet. In diesem Werk werden fünf Mitglieder des Publikums eingeladen, ein Single-Player-Spiel live zu spielen, während der Rest des Publikums das Gameplay verfolgt. Die Erfahrung ist jedoch nicht nur auf die Spiele*rinnen beschränkt, sondern wirkt wie ein Film, den auch eine breitere Zuschauermenge genießen kann. Nach dem Live-Gaming werden die Zuschauer*innen in eine immersive Installation eingeladen, in der sie die Ursprungsstory hinter Keikens spekulativer Welt entdecken und durch VR noch tiefer in diese eintauchen können.

Die Welt von *Morphogenic Angels* ist 1000 Jahre in der Zukunft angesiedelt und erforscht eine Realität, die weit über die gegenwärtigen politischen, gesellschaftlichen und finanziellen Strukturen hinausgeht. In dieser Zukunft haben Menschen posthumane Fähigkeiten durch die organische Umprogrammierung ihrer Zellen erlangt und greifen auf nicht-menschliche Bewusstseinsformen zurück. Diese posthumanen Entitäten, die als „Engel" bezeichnet werden, vereinen unterschiedliche Formen des Bewusstseins, darunter das der Vorfahren, Tiere, Pflanzen, Zellen und sogar des Kosmos. Die Spieler*innen navigieren durch diese Welt und lernen, wie ihre energetischen Handlungen andere beeinflussen, indem sie ein subvertiertes Kampfsystem nutzen, das den Einfluss ihrer Energie auf andere betont (vgl. Keiken, 2023).

Bubble Theory (2022) erweitert die Erkundung von Bewusstsein und Identität durch die Darstellung von „Mutter" und deren Begegnungen mit eigenen Derivaten – Versionen ihrer selbst aus verschiedenen Lebensphasen. Besucher*innen haben die Wahl, einen siebenminütigen CGI-Film anzusehen, in dem „Mutter" mit Uber 3000, einem selbstfahrenden Auto mit eingebauter Therapie-Funktion, interagiert. Dieses futuristische Setting ermöglicht es „Mutter", sich selbst zu reflektieren und die unsichtbaren Aspekte ihrer Existenz zu verstehen. Das Bewusstsein der verschiedenen Derivate von „Mutter" wird als Blasen dargestellt, was das Publikum dazu einlädt, die komplexen und allmählichen Veränderungen in ihrer eigenen Lebensgeschichte zu erkunden.

In der VR-Erfahrung finden sich die Besucher*innen in einer üppigen, rosafarbenen Landschaft wieder, die auch die Kulisse des CGI-Films darstellt. Mithilfe von Trackern können sie ihre Bewegungen im virtuellen Raum nachvollziehen und durch die Interaktion mit riesigen Blasen Türen zu verschiedenen Geschichten und Ereignissen in dieser Welt öffnen (vgl. Keiken, 2022). *Bubble Theory* untersucht Technologien, die darauf abzielen, die multiplen Formen des Selbstbewusstseins und die konstante Veränderung der Identität zu erforschen.

In einem weiteren bemerkenswerten Werk, *Augmented Empathy,* hinterfragt Keiken die zukünftige Rolle von AR in der Gestaltung von Körper und Identität. In dieser Arbeit wird das Publikum eingeladen, ein satirisches AR-Makeup-Tutorial zu erleben und sich selbst in einem AR-Spiegel zu sehen, der sie in eine augmentierte Version ihrer selbst verwandelt. Eine Auswahl von 16 AR-Looks steht zur Verfügung, die über QR-Codes aktiviert werden können, um mit verschiedenen Identitäten zu experimentieren. *Augmented Empathy* erforscht, wie die Anpassung von Avataren oder augmentierten Selbstdarstellungen in Zukunft ebenso selbstverständlich sein könnte wie das tägliche Ankleiden und wie diese Technologien genutzt werden können, um Empathie zu schaffen und Verbindungen zu multiplen Identitäten jenseits des Menschlichen zu fördern (vgl. Keiken, 2024a).

Die immersive Erfahrung in *Metaverse: We Are at the End of Something,* einem 35-minütigen Film, erforscht Gefühle, Überzeugungen, Kultur und Bewusstsein innerhalb eines Metaversums. Das Werk beschäftigt sich mit der Frage, wie das digitale Universum unser Verständnis von Realität und Identität transformieren kann und öffnet neue Wege zur Reflexion über das Verhältnis von virtueller und physischer Welt. Diese Art der spekulativen Fiktion ermöglicht es Keiken, das Potenzial des Metaversums als Plattform für künstlerischen Ausdruck und gesellschaftliche Auseinandersetzung zu erforschen (vgl. Keiken, 2024b).

Keikens Arbeiten bieten einen tiefen Einblick in das Potenzial von VR und AR, um transhumanes Bewusstsein zu erforschen und unsere Beziehung zu Technologie, Identität und dem Selbst zu hinterfragen. Sie schaffen immersive Welten, die nicht nur ästhetisch ansprechend sind, sondern auch eine Plattform für die Auseinandersetzung mit den sozialen, politischen und existenziellen Implikationen eines technologisch geprägten Zeitalters. Die Werke von Keiken stellen somit eine wichtige Brücke zwischen Kunst, Technologie und Philosophie dar und laden das Publikum ein, sich in einer Zukunft zu verlieren, die sowohl verlockend als auch erschreckend sein kann.

2.2.8   Theo Triantafyllidis: Kunst an der Schnittstelle von Gaming, AR und VR

Theo Triantafyllidis ist ein zeitgenössischer Künstler, der virtuelle Welten und halb-autonome Systeme erschafft, die oft von absurden, surrealen und poetischen Situationen geprägt sind. Zu seinen Ausstellungen zählen bedeutende Events wie „New Frontier" am Sundance Institute in Los Angeles (2020), die „ANTI-" Biennale in Athen (2018), der „Hyper Pavilion" bei der Biennale von Venedig (2017) und das UCLA Game Art Festival im Hammer Museum, Los Angeles (2015). Diese Ausstellungen haben dazu beigetragen, seine Position als einflussreicher Künstler im Bereich der digitalen Kunst zu festigen.

Triantafyllidis' Werke umfassen ein breites Spektrum, das Performances, Videospiele und Installationen einschließt. In seinen Arbeiten untersucht er die Grenzen zwischen Realität und virtuellen Welten, wobei er Technologien wie Augmented Reality (AR) und Virtual Reality (VR) einsetzt, um immersive Erlebnisse zu schaffen. Diese Erlebnisse stellen herkömmliche Vorstellungen von Identität, Gesellschaft und Machtstrukturen infrage und bieten neue Perspektiven auf die Art und Weise, wie wir unsere Welt erleben und verstehen.

Eine seiner bekanntesten Arbeiten ist *Pastoral* aus dem Jahr 2019. In diesem Werk subvertiert Triantafyllidis das Fantasy-Genre, indem er eine virtuelle Welt erschafft, die von einem transgender Oger bewohnt wird – eine Figur, die in traditionellen, stereotypischen Fantasy-Universen normalerweise nicht existiert. Der Spieler wird eingeladen, in die Rolle dieser Figur zu schlüpfen und die Welt aus ihrer Perspektive zu erleben. Die kleine, friedliche Welt in *Pastoral* steht im starken Kontrast zu den üblichen Darstellungen des Genres, das häufig von Krieg, Gewalt und der Überlegenheit bestimmter Rassen oder Klassen geprägt ist.

Triantafyllidis' Arbeiten spiegeln seine Faszination für die Mechanismen und Ästhetiken von Videospielen wider. Als Künstler bewegt er sich an der Schnittstelle zwischen Kunst und Gaming, indem er spielerische Elemente in seine Werke integriert und so neue Formen der Interaktion und des Erlebens ermöglicht. Werke wie *Pastoral* zeichnen sich durch eine offene Spielstruktur aus, die den Nutzern eine große Freiheit in der Erkundung und Interaktion mit der virtuellen Umgebung lässt. Diese Herangehensweise unterscheidet sich von traditionellen

Spielen, die oft auf festgelegten Handlungssträngen und klar definierten Zielen beruhen.

Durch die Nutzung von Gaming-Elementen erschafft Triantafyllidis Erlebnisse, die konventionelle Erzählweisen herausfordern und neue Formen des Geschichtenerzählens ermöglichen. Seine Werke sind interaktive Kunstwerke, die das Publikum dazu einladen, sich aktiv mit den Inhalten auseinanderzusetzen und eigene Interpretationen und Erlebnisse zu schaffen. Diese Form der Interaktion fördert nicht nur das Engagement des Publikums, sondern hinterfragt auch die traditionellen Hierarchien zwischen Künstler und Betrachter.

Triantafyllidis nutzt AR und VR, um immersive Erlebnisse zu schaffen, die die Grenzen zwischen physischer und virtueller Realität verwischen. Diese Technologien ziehen das Publikum direkt in die Kunstwerke hinein, sodass die Betrachter sich frei in den virtuellen Welten bewegen können. Diese Art der Interaktion ermöglicht es dem Publikum, nicht nur passive Beobachter zu sein, sondern aktiv an der Entfaltung der Kunst teilzunehmen. VR und AR eröffnen neue Möglichkeiten, narrative und räumliche Konzepte zu erforschen, die in traditionellen Kunstformen schwer zu realisieren wären.

Triantafyllidis' Arbeiten sind somit nicht nur ein Beitrag zur digitalen Kunst, sondern auch zu einer breiteren Diskussion über die Rolle von Technologie in der Kunst und ihre Fähigkeit, traditionelle Kunstformen zu erweitern und zu transformieren.

2.3   Chatbots im Kunst- und Bildungsbereich: Von einfachen Systemen zu innovativen Helfern

In den letzten Jahren haben sich Chatbots von einfachen, regelbasierten Systemen zu komplexen Anwendungen entwickelt, die maschinelles Lernen und natürliche Sprachverarbeitung (Natural Language Processing, NLP) nutzen, um menschenähnliche Konversationen zu führen. Besonders im Kunst- und Bildungsbereich bieten Chatbots innovative Möglichkeiten, die User Experience erheblich zu verbessern. Diese Entwicklung spiegelt die zunehmende Digitalisierung von Kunstvermittlungs- und Bildungsangeboten wider.

In diesem Abschnitt untersuchen wir, wie Chatbots durch personalisierte und interaktive Erlebnisse die UX im Kunstbereich optimieren können. Dabei beleuchten wir auch ihre Rolle in der Publikumsentwicklung sowie die Herausforderungen und Einschränkungen ihres Einsatzes.

2.3.1   Definition und Relevanz von Chatbots im Kunst- und Bildungsbereich

Ein Chatbot ist ein Softwareprogramm, das so konzipiert wurde, dass es auf natürliche Weise mit Menschen interagiert, Fragen beantwortet und Aufgaben ausführt. Chatbots werden üblicherweise über Text- oder Sprachschnittstellen genutzt und können spezifische Anfragen von User*innen bearbeiten. Durch maschinelles Lernen sind sie in der Lage, aus diesen Interaktionen zu lernen und sich kontinuierlich zu verbessern.

Im Kunst- und Bildungsbereich gewinnen Chatbots zunehmend an Bedeutung, da sie eine direkte und oft spielerische Interaktion ermöglichen. Museen, Galerien und Bildungseinrichtungen setzen sie ein, um Besucher*innen und Lernenden neue, innovative Wege zu eröffnen, Kunstwerke und Inhalte zu erkunden. Diese Technologie transformiert nicht nur die Art und Weise, wie Informationen bereitgestellt werden, sondern schafft auch personalisierte und interaktive Erlebnisse, die zur langfristigen Publikumsbindung beitragen.

2.3.2   Verbesserung der User Experience (UX) durch Chatbots

Chatbots eröffnen zahlreiche Möglichkeiten, die User Experience im Kunst- und Bildungsbereich zu bereichern. Durch sofortige und interaktive Informationsbereitstellung tragen sie dazu bei, die Zugänglichkeit und Attraktivität kultureller Angebote zu erhöhen. Einige zentrale Anwendungsbereiche sind:

1. **Virtuelle Touren und interaktive Führungen**
   Chatbots können als virtuelle Museumsführer*innen fungieren, die Besucher*innen durch Ausstellungen leiten, Hintergrundinformationen zu Kunstwerken bereitstellen und Fragen in Echtzeit beantworten. Ein Beispiel ist der Chatbot „Send Me SFMOMA" des San Francisco Museum of Modern Art, der es Nutzer*innen ermöglicht, per SMS Kunstwerke aus der Sammlung des Museums anzufordern. Besucher können einfach den Namen eines Künstlers, ein Stichwort oder sogar ein Emoji senden und erhalten ein Bild sowie eine Beschreibung eines passenden Kunstwerks (vgl. Mollica, 2017).

2. **Personalisierte Empfehlungen**
   Chatbots analysieren Benutzerdaten, um individuelle Vorlieben und Interessen zu ermitteln. Auf dieser Basis können sie personalisierte Empfehlungen geben, die den Interessen der Besucher*innen entsprechen. So könnte ein Chatbot

beispielsweise Kunstliebhaber*innen, die sich für impressionistische Malerei interessieren, gezielt zu passenden Ausstellungen oder Exponaten führen.

3. **Barrierefreiheit und Inklusion**

   Chatbots können den Zugang zu Kunst und Bildung inklusiver gestalten. Mehrsprachige Unterstützung ermöglicht es, Besucher*innen unabhängig von ihrer Muttersprache zu informieren. Für Menschen mit Behinderungen bieten Chatbots zusätzliche Services, wie Audiobeschreibungen von Kunstwerken oder Informationen in einfacher Sprache.

4. **Interaktivität**

   In der Kunstvermittlung können Chatbots Quizze, interaktive Diskussionen oder Rollenspiele initiieren, um das Verständnis für Kunstwerke und historische Zusammenhänge zu fördern. Ein Beispiel ist die App „Smartify", ein interaktiver Kunstführer, der nicht nur Informationen über Kunstwerke liefert, sondern Besucher*innen dazu einlädt, ihre Interpretationen zu teilen und mit anderen in den Dialog zu treten (vgl. Portmann, 2021).

5. **Orientierung und Navigation**

   In großen Museen oder Bildungseinrichtungen kann die Orientierung eine Herausforderung sein. Chatbots helfen Besucher*innen, Wegbeschreibungen zu geben, Standorte von Exponaten oder Einrichtungen wie Cafés und Toiletten zu finden sowie über aktuelle Veranstaltungen und Sonderausstellungen zu informieren.

Die Integration von Chatbots in den Kunst- und Bildungsbereich zeigt, wie Technologie dazu beitragen kann, traditionelle Vermittlungsformen zu erweitern und die User Experience zu verbessern. Gleichzeitig bleibt es wichtig, die mit dem Einsatz dieser Systeme verbundenen Herausforderungen – wie Datenschutz, technische Grenzen und mögliche Nutzungsbarrieren – kritisch zu hinterfragen. In einer zunehmend digitalisierten Welt bieten Chatbots jedoch enormes Potenzial, um Kunst und Bildung für ein breiteres Publikum zugänglicher und interaktiver zu gestalten.

2.3.3 Beispielanwendung: Entwicklung eines Chatbots zur Vermittlung deutscher Geschichte

Die Potenziale von Chatbots im Kunst- und Bildungsbereich lassen sich besonders gut anhand eines konkreten Beispiels verdeutlichen: Eine Kulturvermittlerin mit tiefgehenden Kenntnissen über die deutsche Geschichte, insbesondere über die Zeit des geteilten Deutschlands, möchte ihre Expertise durch einen Chatbot an Schüler*innen weitergeben. Ziel ist es, die komplexe Thematik der deutschen Teilung und die Geschichte der Berliner Mauer verständlich und interaktiv zu vermitteln. Dieses Beispiel zeigt, wie ein Chatbot gestaltet und eingesetzt werden kann, um Bildungserfahrungen zu bereichern und historische Inhalte lebendig zu machen.

2.3.3.1 Schritt 1: Inhaltliche Vorbereitung und Konzeption

Die Kulturvermittlerin beginnt mit der inhaltlichen Vorbereitung, indem sie relevante historische Fakten, persönliche Geschichten, Zitate und Multimedia-Ressourcen sammelt, die die deutsche Teilung und den Fall der Berliner Mauer thematisieren. Diese Inhalte werden strukturiert und in logische Module gegliedert, die unterschiedliche Themen abdecken, wie etwa:

- Der Kalte Krieg
- Das Leben in Ost- und Westdeutschland
- Die Geschichte der Berliner Mauer
- Ereignisse rund um den Mauerfall

Das Ziel ist es, die Inhalte in altersgerechter Sprache zu präsentieren, um Schüler*innen unterschiedlicher Altersstufen anzusprechen.

2.3.3.2 Schritt 2: Entwicklung des Chatbots

Die Kulturvermittlerin nutzt eine Chatbot-Entwicklungsplattform, die keine oder nur geringe Programmierkenntnisse erfordert, wie beispielsweise Chatfuel oder Dialogflow. Mit diesen Tools programmiert sie den Chatbot so, dass er auf verschiedene Benutzeranfragen reagieren kann.

Die Sprachverarbeitung wird sorgfältig kalibriert, sodass der Chatbot verschiedene Formulierungen und Fragen der Schüler*innen versteht. Beispielsweise könnte der Chatbot auf Fragen wie „Was war die Berliner Mauer?" oder „Wie lebten die Menschen in Ostdeutschland?" detaillierte und altersgerechte Antworten geben.

Interaktive Elemente werden ebenfalls integriert, wie:

- **Quizfragen**: zur Überprüfung des Gelernten.
- **Bildergalerien und Videos**: zur Veranschaulichung historischer Ereignisse.
- **Ein „Zeitreise"-Feature**: das Schüler*innen virtuell in verschiedene Epochen der deutschen Teilung versetzt und sie zur Reflexion über historische Szenarien einlädt.

2.3.3.3 Schritt 3: Veröffentlichung und Verbreitung über digitale Kanäle

Nach Fertigstellung und Testphase wird der Chatbot auf der Website der Kulturvermittlerin eingebunden. Eine dedizierte Unterseite bietet Schüler*innen Zugang zum Chatbot, ergänzt durch Anleitungen und weiterführende Ressourcen.

Zusätzlich startet die Kulturvermittlerin gezielte Kampagnen auf sozialen Medien wie Facebook, Instagram und Twitter, um auf den Chatbot aufmerksam zu machen. Dadurch erreicht sie nicht nur Schüler*innen in Deutschland, sondern auch ein internationales Publikum, das sich für deutsche Geschichte interessiert.

2.3.3.4 Schritt 4: Kontinuierliche Verbesserung und Interaktion

Die Kulturvermittlerin überwacht die Nutzung des Chatbots, sammelt Feedback von Schüler*innen und analysiert häufig gestellte Fragen sowie Interaktionsmuster. Dieses Feedback hilft, den Chatbot kontinuierlich zu verbessern, neue Inhalte hinzuzufügen und bestehende Themen zu vertiefen.

Eine zusätzliche Option besteht in der Durchführung von Live-Interaktionssitzungen, bei denen die Kulturvermittlerin persönlich Fragen beantwortet und Diskussionen vertieft. Diese Kombination aus automatisierten und persönlichen Interaktionen schafft eine dynamische Lernumgebung, die sich flexibel an die Bedürfnisse der Schüler*innen anpasst.

2.3.4 Herausforderungen und Einschränkungen von Chatbots

Trotz der zahlreichen Vorteile gibt es beim Einsatz von Chatbots auch Herausforderungen und Einschränkungen:

1. **Qualität der Interaktionen**
   Die Qualität der Antworten hängt von der zugrunde liegenden Datenbank und den Algorithmen ab. Veraltete oder unvollständige Informationen können ungenaue Antworten liefern und die Benutzererfahrung beeinträchtigen. Regelmäßige Updates und kontinuierliches Training des Chatbots sind daher essenziell.
2. **Komplexität und Benutzerfreundlichkeit**
   Ein zu komplexer Chatbot könnte Benutzer*innen überfordern. Daher sollte die Gestaltung auf einfache, intuitive Interaktionen abzielen. Funktionen sollten klar strukturiert und leicht zugänglich sein, um Verwirrung zu vermeiden.

3. **Datenschutz und ethische Bedenken**
   Die Nutzung von Benutzerdaten erfordert Transparenz und die Einhaltung von
   Datenschutzrichtlinien wie der DSGVO. Museen und Bildungseinrichtungen
   müssen klar kommunizieren, welche Daten gesammelt werden und wie diese
   geschützt sind, um das Vertrauen der Benutzer zu gewinnen.
4. **Emotionale und soziale Intelligenz**
   Chatbots fehlt es oft an emotionaler und sozialer Intelligenz, um komplexe
   menschliche Interaktionen vollständig zu erfassen. Dies kann zu Missver-
   ständnissen führen, insbesondere bei sensiblen oder kulturell spezifischen
   Themen. Vorprogrammierte Antworten und klare Interaktionsgrenzen können
   hier Abhilfe schaffen.

Die Entwicklung eines Chatbots zur Vermittlung deutscher Geschichte zeigt, wie
Technologie Bildungserfahrungen bereichern kann. Durch interaktive und personalisierte Ansätze können historische Inhalte zugänglicher und ansprechender
gestaltet werden. Gleichzeitig erfordert der erfolgreiche Einsatz von Chatbots eine
sorgfältige Planung, regelmäßige Updates und die Berücksichtigung ethischer
sowie technischer Herausforderungen.

2.4 SEO und Audience Development in der Kunstpädagogik

Audience Development – die strategische Entwicklung und Pflege von Zielgruppen – spielt eine zentrale Rolle für den Erfolg kultureller Institutionen. Dabei
wird Suchmaschinenoptimierung (SEO) zu einem entscheidenden Werkzeug, um
die Sichtbarkeit und Zugänglichkeit von Online-Angeboten zu erhöhen. Dieser
Artikel analysiert die Bedeutung von SEO im Kontext von Audience Development in der Kunstpädagogik, beleuchtet dessen Beitrag zur Barrierefreiheit und
gibt konkrete Beispiele für die praktische Umsetzung.

2.4.1 Die Bedeutung von SEO für Audience Development in der Kunstpädagogik

Audience Development zielt darauf ab, die Reichweite und Diversität des Publikums zu erhöhen. Im Bereich der Kunstpädagogik bedeutet dies, bestehende
Besucher*innen zu binden und neue Zielgruppen zu erschließen – einschließlich
jener, die bislang wenig oder keinen Zugang zu Kunst und Kultur hatten.

1. **Erhöhte Sichtbarkeit und Reichweite**
   Die Sichtbarkeit in Suchmaschinen ist oft der erste Kontaktpunkt mit einer Institution. Eine optimierte Website sorgt dafür, dass Angebote wie „Kunstkurse für Kinder" oder „virtuelle Kunstausstellungen" prominent in Suchergebnissen erscheinen. Höhere Platzierungen steigern die Wahrscheinlichkeit, dass Nutzer*innen die Inhalte entdecken, wodurch die Besucherzahlen und die Teilnahme an Programmen steigen.

2. **Gezielte Zielgruppenansprache**
   Durch eine gezielte Keyword-Analyse können kulturelle Institutionen Inhalte entwickeln, die auf die Interessen spezifischer Zielgruppen abgestimmt sind. So könnten Themen wie „Gaming und Kultur" oder „VR und Kunst" potenzielle Besucher*innen ansprechen, die eine Verbindung zwischen Technologie und Kunst suchen.

3. **Geografische Erweiterung**
   Mit SEO können Kunstinstitutionen ihre Reichweite über lokale Grenzen hinaus ausdehnen. Virtuelle Workshops, Online-Kurse und Webinare ermöglichen es beispielsweise, Teilnehmer*innen aus anderen Ländern zu gewinnen, die sich für Kunstpädagogik oder kulturelle Angebote aus Deutschland interessieren.

2.4.2   SEO und Barrierefreiheit: Zugang ohne Hürden

Eine barrierefreie Website verbessert nicht nur die Benutzererfahrung für Menschen mit Behinderungen, sondern hat auch positive Effekte auf die Auffindbarkeit in Suchmaschinen. Folgende Maßnahmen tragen sowohl zur Barrierefreiheit als auch zur SEO-Optimierung bei:

1. **Alt-Tags für Bilder**
   Alt-Tags bieten textliche Beschreibungen von Bildern und sind essentiell für Screenreader, die von sehbehinderten Nutzer*innen verwendet werden. Gleichzeitig verbessern sie die Sichtbarkeit der Bilder in Suchmaschinen. Ein Museum könnte beispielsweise detaillierte Alt-Tags nutzen, um Kunstwerke in seiner Sammlung zu beschreiben, und so deren Reichweite erhöhen.

2. **Strukturierte Webseiten und Navigation**
   Semantisch korrektes HTML und eine klare Überschriftenhierarchie sorgen dafür, dass sowohl Suchmaschinen als auch assistive Technologien den Seitenaufbau besser verstehen. Eine intuitive Navigation mit klaren Kategorien

wie „Programme", „Veranstaltungen" oder „Kontakt" erleichtert den Zugang
für alle Nutzer*innen.

3. **Multimedia-Inhalte mit Textalternativen**
   Videos und Audiodateien sollten stets mit Untertiteln oder Transkripten versehen werden. Dies ermöglicht nicht nur barrierefreien Zugang, sondern
   unterstützt auch die Indexierung durch Suchmaschinen, was die Auffindbarkeit
   der Inhalte erhöht.

4. **Optimierung der Ladegeschwindigkeit**
   Eine schnelle Ladezeit und mobile Optimierung sind für die SEO entscheidend, da mobile Nutzer*innen mittlerweile den Großteil des Internetverkehrs
   ausmachen. Kulturelle Institutionen sollten sicherstellen, dass ihre Websites
   auf Smartphones genauso gut funktionieren wie auf Desktops.

5. **Barrierefreie Interaktionsmöglichkeiten**
   Formulare, Buttons und Links sollten so gestaltet sein, dass sie auch von Nutzer*innen mit motorischen Einschränkungen oder Sehbehinderungen leicht
   bedient werden können. Große Klickflächen, klare Beschriftungen und die
   Tastaturzugänglichkeit sind hierfür entscheidend.

2.4.3 Praktische Beispiele für SEO im Audience Development

- **Alt-Tags und Beschreibungen:** Ein Museum nutzt detaillierte Alt-Tags, um
  Kunstwerke zu beschreiben, und verbessert dadurch die Sichtbarkeit seiner
  Sammlung in der Bildersuche.
- **Keyword-Analyse:** Eine Kunstschule entdeckt durch Suchdaten, dass „Kunst
  für Anfänger*innen" ein häufiges Suchanliegen ist und erstellt dazu passende
  Kurse und Inhalte
- **Mobile Optimierung:** Eine Galerie stellt sicher, dass ihre mobile Website
  intuitiv ist und schnell lädt, um ein breiteres Publikum zu erreichen.
- **Internationale Webinare:** Ein Kulturinstitut bietet Online-Kurse mit mehr-
  sprachigen Inhalten an, um Teilnehmer*innen weltweit anzusprechen.

SEO ist ein wirkungsvolles Werkzeug, um Audience Development im Kunst-
und Bildungsbereich zu fördern. Es ermöglicht kulturellen Institutionen, ihre
Reichweite zu erhöhen, Barrieren abzubauen und neue Zielgruppen zu erreichen.
Gleichzeitig verbessert SEO die Benutzerfreundlichkeit und sorgt für barrierefreien Zugang. Mit der richtigen Strategie können Kunstpädagog*innen nicht

nur mehr Menschen für ihre Angebote begeistern, sondern auch die kulturelle Teilhabe nachhaltig fördern.

2.4.4 Wie kulturelle Institutionen SEO für Audience Development nutzen können

SEO bietet zahlreiche Möglichkeiten, das Publikum kultureller Institutionen zu erweitern und diverser zu gestalten. Im Folgenden werden konkrete Strategien vorgestellt, die Kunstpädagogen und kulturelle Organisationen nutzen können, um ihre SEO-Effizienz zu steigern.

2.4.4.1 Content Marketing als Basis

Hochwertige Inhalte sind das Fundament jeder SEO-Strategie. Regelmäßig veröffentlichte Blogposts, Videos oder Anleitungen können kulturelle Institutionen als vertrauenswürdige Informationsquellen etablieren.

Beispiele für Content Marketing in der Kunstpädagogik

- **Themen-Blogs:** Ein Museum könnte Blogposts zur Geschichte bestimmter Kunstwerke in seiner Sammlung verfassen.
- **Interviews und Tutorials:** Interviews mit Künstler*innen oder Tutorials zu kreativen Techniken fördern Interaktivität und Interesse.
- **Praxisbeispiele:** Nina Simon demonstriert mit ihrem Blog „Museum 2.0", wie gezielte Inhalte die Sichtbarkeit erhöhen und gleichzeitig Diskussionen anregen können. Durch strategisch platzierte Keywords und hochwertige Inhalte konnte ihr Blog nachhaltig Traffic generieren (Simon, 2010).

SEO-Tipps

- Nutzen Sie relevante Keywords, die häufig gesucht werden (z. B. „Kunstpädagogik Methoden").
- Optimieren Sie Meta-Tags, Überschriften (H1-H6), und Bildbeschreibungen (Alt-Tags).
- Veröffentlichen Sie regelmäßig Inhalte, um kontinuierlich Relevanz zu sichern.

2.4.4.2 Lokale SEO-Strategien

Für kulturelle Institutionen mit starkem, lokalen Bezug ist lokale SEO entscheidend, um regional sichtbar zu sein.

Maßnahmen für lokale SEO

- **Google My Business-Profil:** Erstellen und pflegen Sie ein vollständiges Profil mit Öffnungszeiten, Adresse und Bildern.
- **Lokale Keywords:** Optimieren Sie Inhalte für Anfragen wie „Kunstmuseum in Frankfurt" oder „Kreativworkshops in Hamburg".
- **Lokale Inhalte:** Verfassen Sie Blogposts zu Veranstaltungen, Kooperationen oder lokal relevanten Themen.

2.4.4.3 Social-Media-Integration

- Die Verbreitung von SEO-optimierten Inhalten über Social-Media-Kanäle steigert die Reichweite und fördert die Interaktion mit dem Publikum.

Praktische Ansätze

- Verwenden Sie Hashtags mit Schlüsselwörtern (#Kunstworkshops, #Museumsführungen).
- Teilen Sie Blogposts, Veranstaltungen oder Online-Angebote, um Traffic auf die Hauptseite zu lenken.
- Fördern Sie den Austausch durch interaktive Formate wie Umfragen oder Live-Events.

2.4.4.4 Verbesserung der User Experience (UX)

Eine benutzerfreundliche Website trägt nicht nur zur Zufriedenheit der Besucher bei, sondern wird auch von Suchmaschinen bevorzugt.

Best Practices für UX-Optimierung

- **Mobil first:** Implementieren Sie responsives Design, um die Nutzung auf Smartphones zu erleichtern.
- **Schnelle Ladezeiten:** Reduzieren Sie die Größe von Bildern und optimieren Sie Server-Antwortzeiten.

- **Intuitive Navigation:** Gestalten Sie klare Menüs mit leicht verständlicher Struktur.

2.4.4.5 Backlinks und Partnerschaften

- Backlinks von glaubwürdigen Quellen sind ein zentraler SEO-Rankingfaktor. Kooperationen und Partnerschaften können helfen, solche Links zu generieren.

Beispiele für Backlink-Strategien

- **Bildungskooperationen:** Eine Kunstschule könnte mit Universitäten zusammenarbeiten, die auf deren Programme verweisen.
- **Medienpartnerschaften:** Pressemitteilungen oder Berichterstattung über Ausstellungen bieten Möglichkeiten für Verlinkungen.
- **Gastbeiträge:** Schreiben Sie Artikel für andere Websites und binden Sie Links zu Ihrer eigenen Seite ein.

2.4.4.6 Nutzung von Datenanalyse und Tracking

- Die kontinuierliche Analyse von Website-Daten liefert wichtige Erkenntnisse, um SEO-Maßnahmen gezielt anzupassen.

Wichtige Metriken und Tools

- **Besucherherkunft:** Verstehen Sie, woher die Nutzer*innen kommen (z. B. organische Suche, Social Media).
- **Verwendete Keywords:** Analysieren Sie, welche Suchbegriffe zu Ihrer Website führen.
- **Verweildauer:** Längere Aufenthalte deuten auf relevante Inhalte hin.
- **Google Analytics & Search Console:** Nutzen Sie diese Tools, um technische SEO-Fehler zu identifizieren und zu beheben.

SEO ist ein vielseitiges und effektives Werkzeug, um das Publikum kultureller Institutionen zu erweitern und zu diversifizieren. Durch Content Marketing, lokale Strategien, Social-Media-Integration, UX-Optimierung, Backlink-Building und Datenanalyse können kulturelle Organisationen ihre Sichtbarkeit steigern und neue Zielgruppen ansprechen. Die Kombination dieser Ansätze schafft nachhaltige Verbindungen zwischen Kultur und Publikum – sowohl lokal als auch global.

2.5   Fazit

Der Einsatz moderner Technologien hat das Potenzial, die Kunstvermittlung und das Kunstschaffen grundlegend zu verändern, indem er neue Wege zur Interaktion, Partizipation und Zugänglichkeit eröffnet. Im Folgenden werden die wichtigsten Technologien und deren Nutzen sowie Herausforderungen für Kunst- und Bildungsinstitutionen zusammengefasst.

2.5.1   Augmented Reality (AR) und Virtual Reality (VR): Immersive Erlebnisse für junge Zielgruppen

Potenziale

- **Interaktivität:** AR und VR schaffen immersive Erlebnisse, die eine direkte Interaktion mit Kunstwerken ermöglichen, z. B. durch virtuelle Rundgänge oder 3D-Rekonstruktionen.
- **Engagement:** Insbesondere junge Menschen lassen sich durch die spielerische und interaktive Natur dieser Technologien für Kunst begeistern.
- **Kreativität:** Künstler*innen können AR und VR nutzen, um traditionelle künstlerische Ausdrucksformen zu subvertieren und neue narrative Dimensionen zu erschließen.

Anwendungsbeispiele

- Virtuelle Museumstouren, bei denen Besucher*innen historische Kontexte oder verborgene Schichten eines Kunstwerks erkunden können.
- AR-Installationen, die Kunstwerke in öffentlichen Räumen erlebbar machen, wie z. B. die Platzierung digitaler Skulpturen via Smartphone.

Herausforderungen

- **Technische Barrieren:** Hohe Kosten und notwendige technische Expertise können die Implementierung erschweren.
- **Zugänglichkeit:** Nicht alle Zielgruppen verfügen über die benötigte Hardware wie VR-Headsets.

2.5.2 Chatbots: Interaktive Vermittlung und Zielgruppenansprache

Potenziale

- **Personalisierung:** Chatbots können auf individuelle Interessen der Nutzer*innen eingehen und maßgeschneiderte Informationen liefern.
- **Engagement:** Interaktive Erlebnisse durch Konversation steigern die Bindung der Besucher*innen an die Institution.
- **Barrierefreiheit:** Chatbots ermöglichen einfache und unmittelbare Informationsbereitstellung, z. B. in mehreren Sprachen oder für Menschen mit Sehbehinderungen.

Beispiele für den Einsatz

- Museums-Chatbots, die Auskunft über Exponate geben oder individuelle Touren vorschlagen.
- Bildungseinrichtungen, die Chatbots zur Beantwortung von Fragen zu Workshops und Programmen einsetzen.

Herausforderungen

- **Ethik:** Der Schutz persönlicher Daten und die Vermeidung algorithmischer Verzerrungen sind zentral.
- **Wartung:** Die kontinuierliche Pflege und Verbesserung der Chatbots ist notwendig, um deren Relevanz und Qualität sicherzustellen.

2.5.3 SEO: Kontinuierliche Sichtbarkeit und Inklusivität

Potenziale

- **Zielgruppenerweiterung:** SEO-Strategien ermöglichen es Institutionen, ihre Reichweite über geografische und soziale Grenzen hinaus zu erweitern.
- **Barrierefreiheit:** Die Optimierung von Webseiten für Suchmaschinen verbessert gleichzeitig die Zugänglichkeit für Menschen mit Behinderungen, z. B. durch strukturierte Inhalte und Alt-Tags.

Erfolgreiche SEO-Strategien

- **Virtuelle Touren:** Bewerbung digitaler Erlebnisse, wie z. B. interaktiver Museumstouren.
- **Bildungsinhalte:** Erstellung von Blogposts, die kunsthistorische Themen oder künstlerische Techniken erläutern.
- **Kooperationen:** Partnerschaften mit Bildungseinrichtungen und Medien schaffen wertvolle Backlinks.

Herausforderungen

- **Langfristigkeit:** SEO erfordert eine kontinuierliche Pflege und Aktualisierung der Inhalte.
- **Konkurrenz:** In einem zunehmend digitalen Umfeld müssen sich Institutionen durch originelle und qualitativ hochwertige Inhalte hervorheben.

2.6   Fazit: Technologien als Wegbereiter für Inklusion und Innovation

Der gezielte Einsatz von Technologien wie AR, VR, Chatbots und SEO ermöglicht kulturellen Institutionen nicht nur eine intensivere Auseinandersetzung mit Kunst, sondern trägt auch maßgeblich zur Inklusion und Barrierefreiheit bei. Die Implementierung dieser Technologien eröffnet neue kreative Möglichkeiten für Künstler*innen stärkt die Bildungsmission von Museen und Schulen und ermöglicht die Ansprache vielfältiger Zielgruppen.

Damit der Einsatz dieser Technologien nachhaltig wirkt, sind jedoch eine durchdachte Planung, kontinuierliche Weiterentwicklung und die Berücksichtigung ethischer Aspekte unabdingbar. Durch diese Maßnahmen können Institutionen ihre Rolle als Vorreiter für Innovation und kulturelle Bildung weiter festigen.

Diskutieren Sie mit!

- Welche ethischen Herausforderungen entstehen durch den Einsatz von Technologien wie Chatbots und VR in der Kunstvermittlung?
- Wie können AR und VR gezielt eingesetzt werden, um jüngere Zielgruppen für Kunst und Kultur zu begeistern?

- Inwiefern beeinflusst die Optimierung der User Experience (UX) das künstlerische Erlebnis und die Wahrnehmung von Kunst?
- Welche Rolle spielt Gamification in der Kunstvermittlung, und wo liegen mögliche Grenzen dieses Ansatzes?
- Wie können Museen und kulturelle Institutionen SEO-Strategien nutzen, um eine vielfältige und inklusive Online-Präsenz zu schaffen?
- Was sind die wichtigsten technischen und ethischen Überlegungen bei der Implementierung von Chatbots in Museen?
- Wie könnten kulturelle Institutionen Technologien zur Förderung interaktiver Bildungsangebote in ihrer Arbeit weiterentwickeln?
- Welchen Einfluss haben technologische Entwicklungen wie AR, VR oder Chatbots auf die zukünftige Gestaltung von Kunstwerken und Ausstellungen?
- Wie lässt sich das Potenzial von SEO und Chatbots im Hinblick auf die Förderung von Kunst- und Kulturangeboten langfristig steigern?
- In welchem Umfang könnte die Abhängigkeit von digitalen Technologien den Zugang zu Kunst und Kultur verändern – positiv wie negativ?

Soziale Netzwerke als Vermittlungsmedium und Kunstobjekt

3

Inhaltsverzeichnis

Schlüsselkonzepte

- Wie verändert Technologie die Art und Weise, wie Kunst entsteht und vermittelt wird?
- Wie könnten soziale Netzwerke wie TikTok oder Instagram gezielt für kunstpädagogische Zwecke in Schulen und Universitäten eingesetzt werden?
- Wie verändert die Nutzung sozialer Netzwerke wie Instagram, Facebook und TikTok das traditionelle Kunstverständnis und die Beziehung zwischen Künstler*innen und Publikum?

Schlüsselkonzepte

- Plattformen
- Netzwerkökonomie

In den späten 2000er- und frühen 2010er-Jahren war die Haltung gegenüber sozialen Netzwerken in kulturellen Institutionen und bei kulturellen Analysten oft von Skepsis geprägt. Damals wurde die Frage gestellt, ob soziale Medien tatsächlich

© Der/die Autor(en), exklusiv lizenziert an Springer Fachmedien Wiesbaden GmbH, ein Teil von Springer Nature 2025
W. Zoungrana et al., *KI und Social Media in der Kulturvermittlung*, Kunst- und Kulturmanagement, https://doi.org/10.1007/978-3-658-48621-1_3

eine langfristige Relevanz für den Kulturbereich haben könnten. Ein prägnantes Beispiel für diese Debatte bietet Helge Kauls Beitrag „Web 2.0 – Mehr als Hype?". Kaul stellt fest: „Während heute kaum eine Einrichtung auf eine eigene Website oder E-Mail verzichtet, haben Social Media in der Kulturmarketing-Praxis bisher eine eher geringe Bedeutung" (Kaul, 2011, S. 306). Er stellte fest, dass soziale Netzwerke zwar primär als Kommunikationsplattformen genutzt werden, doch deren Potenzial für den Kulturbereich noch kaum ausgeschöpft war.

In Kauls Analyse wurde die Rolle von Kunst in sozialen Netzwerken als besonders interaktiv hervorgehoben: „Kunst hat per se ein hohes Interaktionspotenzial – und besitzt damit eine zentrale Voraussetzung für ein erfolgreiches Social Media Marketing" (Kaul, 2011, S. 309). Er führte in diesem Zusammenhang das Beispiel der Fans der Band Radiohead an, die 2009 ein Konzert der Band aufzeichneten und auf YouTube hochluden, woraufhin es von Fans über Facebook und das damals noch als Twitter bekannte X verbreitet wurde. Kaul erkannte in den sozialen Medien in erster Linie ein mächtiges Werkzeug für die Marketingkommunikation, mit Fokus auf die Interaktion zwischen Kunst und Publikum.

Seitdem hat sich viel verändert, und zahlreiche Publikationen haben sich mit dem Potenzial und den Herausforderungen sozialer Medien im kulturellen Marketing auseinandergesetzt. Beispiele hierfür sind Bücher wie *Social-Media-Marketing kompakt* (Kreutzer, 2021), *Social Storytelling: Wie Storytelling heute in Social Media funktioniert* (Müller & Rajaram, 2021), sowie *Follow me!: Erfolgreiches Social Media Marketing mit Facebook, Instagram und Co.* (Grabs et al., 2018). Diese Werke analysieren, wie soziale Netzwerke zunehmend als Plattformen zur Vermittlung von Kunst und Kultur genutzt werden und zeigen neue Wege der Publikumsbeteiligung auf, sowie die Etablierung von Netzwerken als kulturelle Räume.

In diesem Kapitel wird der Fokus auf soziale Netzwerke als Kunstvermittlungsmedium gelegt, also auf die Art und Weise, wie digitale Plattformen Kunst dem Publikum zugänglich machen und wie sie den Zugang zu Kunstwerken und Künstler*innen erleichtern. Dabei beleuchten wir auch soziale Netzwerke als Kunstobjekt, indem wir untersuchen, wie Aspekte der Netzwerkökonomie künstlerisch subversiv genutzt werden können. Anschließend widmen wir uns der Wechselwirkung zwischen Kunst, Künstler*innen und Publikum in sozialen Netzwerken sowie der Ästhetik und der Rolle von Algorithmen, die in diesen Plattformen eine immer größere Bedeutung erlangen.

3.1 Soziale Netzwerke als Medium der Kunstvermittlung

In der heutigen digitalen Ära haben soziale Netzwerke eine transformative Rolle in der Art und Weise übernommen, wie Kunst präsentiert, verbreitet und konsumiert wird. Plattformen wie Instagram, Facebook und TikTok sind nicht nur soziale Kommunikationsmittel, sondern haben sich auch zu entscheidenden Werkzeugen für Künstler*innen entwickelt, um ihre Werke einem globalen Publikum zugänglich zu machen.

3.1.1 Reichweite ohne Einschränkungen

Einer der bedeutendsten Vorteile der Nutzung sozialer Netzwerke für Künstler*innen ist die Demokratisierung des Kunstzugangs. Früher waren Künstler*innen auf traditionelle Galerien, Museen und Ausstellungen angewiesen, um ihre Werke einem breiteren Publikum zu präsentieren. Dies schränkte oft die Zugänglichkeit und Reichweite ein, besonders für weniger etablierte oder unabhängige Künstler*innen. Mit dem Aufkommen von Instagram, Facebook und TikTok können Künstler ihre Werke präsentieren und direkt mit ihrem Publikum in Kontakt treten, ohne die Notwendigkeit eines Vermittle.

Der weltberühmte Streetart-Künstler Banksy hat sich Instagram zunutze gemacht, um seine neuesten Werke und Projekte zu präsentieren. Banksys Account, der 2010 gegründet wurde, hat mittlerweile Millionen von Follower*innen und ermöglicht es ihm, seine Arbeiten ohne die Filter traditioneller Kunstinstitutionen zu veröffentlichen. Ein besonders bemerkenswertes Beispiel ist das Bild *Girl with a Balloon,* das 2018 für Schlagzeilen sorgte, als es unmittelbar nach der Versteigerung teilweise durch einen eingebauten Schredder zerstört wurde. Die Veröffentlichung des Videos dieses Moments auf Instagram sorgte für weltweites Aufsehen und verdeutlichte die Macht der sozialen Medien, um Kunstereignisse in Echtzeit zu verbreiten (vgl. Banksy, 2018).

Die digitale Künstlerin Krista Kim hat sich einen Namen gemacht, indem sie ihre Werke auf Instagram und anderen sozialen Plattformen teilt. Besonders ihre „Mars House"-Kreation, die als NFT (Non-Fungible Token) verkauft wurde, erregte große Aufmerksamkeit und markierte einen Meilenstein in der Verschmelzung von digitaler Kunst und Blockchain-Technologie. Diese innovative Nutzung der Blockchain hat nicht nur den Weg für die Schaffung einzigartiger, unveränderlicher Kunstwerke geebnet, sondern auch neue Möglichkeiten für Künstler eröffnet, ihre Werke in einer zunehmend digitalen Welt zu präsentieren und zu verkaufen. Kim hat Instagram dabei geschickt genutzt, um ihre Kunst zu vermarkten, eine engagierte Fangemeinde aufzubauen und ihre Werke einem globalen Publikum zugänglich zu machen. Ihre Art, Kunst zu verbreiten und die NFT-Technologie zu integrieren, hat das Potenzial, die Art und Weise, wie Kunst im digitalen Zeitalter konsumiert wird, nachhaltig zu verändern (vgl. Kim, 2021).

3.1.2 Die Kraft der Algorithmen

Ein entscheidender Faktor für die Sichtbarkeit und Reichweite von Künstler*innen auf sozialen Netzwerken ist die Funktionsweise der Algorithmen, die hinter diesen Plattformen stehen. Soziale Netzwerke wie Instagram, TikTok oder YouTube folgen nicht mehr dem einfachen Prinzip einer chronologischen Timeline, sondern setzen auf komplexe algorithmische Systeme, die Inhalte gezielt filtern, gewichten und an individuelle Nutzer*innen ausspielen. Diese Systeme analysieren eine Vielzahl von Signalen – etwa Likes, Kommentare, geteilte Inhalte, Verweildauer auf Beiträgen und persönliche Interessenprofile – und bestimmen so, welche Inhalte in den Feeds und auf Entdeckungsseiten auftauchen.

Für Künstler*innen eröffnet diese algorithmische Steuerung sowohl große Chancen als auch erhebliche Herausforderungen. Wer die Logik dieser Systeme versteht und gezielt nutzt, kann mit vergleichsweise geringem Aufwand eine enorme Reichweite erzielen. Faktoren wie regelmäßiges Posten, die Nutzung aktueller Trends und Sounds (insbesondere auf TikTok), eine starke visuelle Identität und die gezielte Verwendung von Hashtags tragen dazu bei, die Wahrscheinlichkeit zu erhöhen, von den Algorithmen positiv bewertet und weiterverbreitet zu werden.

Allerdings bedeutet dies auch, dass künstlerischer Erfolg auf Social Media zunehmend von der Fähigkeit abhängt, Inhalte nicht nur kreativ, sondern auch strategisch zu gestalten. Es reicht nicht aus, gute Kunst zu machen – sie muss auch so präsentiert werden, dass sie mit den algorithmischen Prioritäten der Plattformen harmoniert. Das kann mitunter zu einem Spannungsfeld führen: Zwischen künstlerischer Freiheit und den Anforderungen an ‚algorithmusfreundlichen‘ Content entsteht häufig ein innerer Konflikt. Viele Künstler*innen berichten davon, dass sie ihren Stil oder ihre Inhalte anpassen mussten, um überhaupt sichtbar zu bleiben.

Besonders deutlich zeigt sich dieser Mechanismus auf TikTok, einer Plattform, die stark auf kurze, aufmerksamkeitsstarke Clips setzt. Durch das „For You"-System kann theoretisch jeder Beitrag viral gehen – selbst von Nutzer*innen mit geringer Followerzahl. Diese niedrige Einstiegshürde hat vielen jungen Künstler*innen die Tür zu einem breiten Publikum geöffnet. Gleichzeitig steigt aber auch der Druck, permanent performative, trendgerechte Inhalte zu produzieren, um im ständigen Wettbewerb um Sichtbarkeit nicht unterzugehen.

Auch Instagram nutzt algorithmische Empfehlungen, etwa auf der „Explore"-Seite oder durch die Gewichtung von Reels im Feed. Hier profitieren Künstler*innen, die ästhetisch konsistente Profile gestalten, regelmäßig mit ihrer Community interagieren und die visuellen Möglichkeiten der Plattform gezielt einsetzen. Erfolgreiche Beispiele zeigen, dass durch gezielte Interaktion – etwa durch das Beantworten von Kommentaren, Stories mit Community-Elementen oder Live-Sessions – eine stärkere Bindung zur eigenen Zielgruppe aufgebaut werden kann, was sich wiederum positiv auf die Reichweite auswirkt.

Darüber hinaus spielt auch die Plattformpolitik eine Rolle: Änderungen im Algorithmus oder neue Funktionen können den Erfolg einzelner Strategien über Nacht verändern. Wer langfristig erfolgreich sein will, muss also nicht nur kreativ und aktiv sein, sondern auch flexibel und lernbereit – bereit, sich auf neue Entwicklungen einzulassen, bestehende Formate anzupassen und immer wieder neue Wege zu finden, das eigene Publikum zu erreichen.

Insgesamt zeigt sich, dass soziale Netzwerke für Künstler*innen ein mächtiges Werkzeug sein können, um unabhängig von etablierten Strukturen Sichtbarkeit zu erlangen und ein Publikum aufzubauen. Doch diese Möglichkeiten sind an Bedingungen geknüpft – und wer sie nutzen möchte, muss bereit sein, sich mit der Mechanik dieser digitalen Bühnen intensiv auseinanderzusetzen.

3.1.3 Interaktive Kunstvermittlung

Soziale Netzwerke bieten eine Plattform für direkte Interaktionen zwischen Künstler*innen und ihrem Publikum. Diese Interaktionen können durch Kommentare, Likes und Shares erfolgen und schaffen eine bidirektionale Kommunikation. Künstler*innen können Fragen beantworten, Feedback erhalten und eine persönliche Beziehung zu ihrem Publikum aufbauen, was die Relevanz und Resonanz ihrer Arbeiten verstärkt.

3.1.3.1 Facebook-Gruppen für Kunstgemeinschaften

Facebook-Gruppen haben sich in den letzten Jahren als zentrale Treffpunkte für Kunstgemeinschaften etabliert – sowohl für professionelle Künstler*innen als auch für Hobbykreative.

Facebook-Gruppen bieten eine niederschwellige Möglichkeit, sich mit Gleich-gesinnten zu vernetzen, Feedback einzuholen, Werke zu präsentieren oder sich über aktuelle Ausstellungen und Fördermöglichkeiten zu informieren. Gruppen wie „Kunst verbindet", „Contemporary Art Exchange" oder „Urban Sketchers" vereinen Mitglieder aus aller Welt, die hier Ideen austauschen, Diskussionen führen oder an gemeinsamen Projekten arbeiten.

Diese digitale Infrastruktur schafft Sichtbarkeit besonders für jene Künst-ler*innen, die über keine institutionellen Anbindungen verfügen. So wird Face-book zu einem demokratisierenden Raum für Kunst, in dem auch experimentelle oder grenzüberschreitende Formate Platz finden.

Ein zentraler Vorteil dieser Gruppen liegt in ihrer internationalen Reichweite. Künstler*innen aus verschiedenen Ländern und Kulturen bringen vielfältige Per-spektiven ein. Dadurch entstehen nicht nur neue kreative Impulse, sondern auch konkrete Kooperationsprojekte – beispielsweise gemeinsame Ausstellungen, digitale Künstlerresidenzen oder thematische Wettbewerbe.

Trotz der vielen Vorteile sind Facebook-Gruppen nicht frei von Herausfor-derungen. Die Qualität der geteilten Inhalte ist oft heterogen, und in größeren Gruppen können Diskussionen unübersichtlich oder wenig konstruktiv verlau-fen. Der Erfolg hängt stark von der Moderation ab: Gut geführte Gruppen setzen klare Regeln für respektvollen Umgang, thematische Fokussierung und Qualitätssicherung.

Ein weiterer Punkt ist die Abhängigkeit von Facebooks Algorithmen. Nicht alle Beiträge werden gleich sichtbar, was insbesondere neue oder weniger bekannte Mitglieder benachteiligen kann. Der Zugang zu Sichtbarkeit bleibt somit nicht völlig gleichberechtigt.

Trotz einiger struktureller Herausforderungen stellen Facebook-Gruppen für viele Kunstschaffende eine wertvolle Ressource dar. Sie fördern den offenen Austausch, erleichtern den Zugang zu einem breiten Publikum und stärken das Gemeinschaftsgefühl in einem oft individualistisch geprägten Berufsfeld. In einer Zeit, in der physische Kunstorte mit Einschränkungen kämpfen, gewinnen digi-tale Räume wie diese zunehmend an Relevanz – als Werkstatt, Galerie und Forum zugleich.

3.1.3.2 Die Rolle von Kommentaren und Engagement

In sozialen Netzwerken und digitalen Kunstplattformen spielt Engagement – ins-besondere in Form von Kommentaren, Likes und Shares – eine zentrale Rolle für die Sichtbarkeit und Wirkung künstlerischer Beiträge. Doch jenseits rein algorithmischer Mechanismen zeigt sich: Kommentare sind weit mehr als bloße

Rückmeldungen – sie sind Ausdruck von Teilhabe, Resonanz und manchmal auch künstlerischem Dialog.

Plattformen wie Instagram, Facebook oder TikTok werten das Engagement der Nutzer*innen als Indikator für Relevanz. Beiträge mit vielen Kommentaren werden häufiger angezeigt, erreichen mehr Personen und können dadurch virale Reichweite erzielen. Für Künstler*innen bedeutet dies: Der Dialog mit der Community kann unmittelbar zur Verbreitung ihrer Werke beitragen.

Doch auch auf inhaltlicher Ebene sind Kommentare bedeutsam. Sie eröffnen Räume für Interpretation, Kritik, Zustimmung oder Diskussion. In vielen Fällen entstehen dadurch neue Perspektiven auf ein Kunstwerk oder sogar Folgeprojekte, die auf Impulse aus der Community zurückgehen. Kommentierende Nutzer*innen übernehmen damit nicht selten die Rolle von Mitgestalter*innen einer kollektiven Rezeption.

Insbesondere in digitalen Kunstgemeinschaften – etwa in Facebook-Gruppen oder auf Discord-Servern – ist das Engagement der Mitglieder ein entscheidender Motor. Der Austausch in Kommentarspalten, Diskussionsthreads oder über Reaktionsfunktionen schafft ein Gefühl von Gemeinschaft und Zugehörigkeit. Hier wird nicht nur passiv konsumiert, sondern aktiv bewertet, ergänzt, infrage gestellt.

Viele Künstler*innen nutzen die Kommentarspalten auch strategisch: Sie stellen Fragen, fordern Rückmeldungen ein oder lassen ihre Follower*innen an Entscheidungsprozessen teilhaben – etwa bei der Farbwahl eines Werkes oder der Konzeption eines neuen Projekts. So wird Engagement selbst zu einem gestalterischen Bestandteil der Kunst.

Gleichzeitig ist das Kommentarsystem nicht frei von Problemen. Die Fixierung auf positive Rückmeldungen kann dazu führen, dass kritische Auseinandersetzung ausbleibt oder Künstler*innen sich an Trends anpassen, um mehr Reaktionen zu erzielen. Der Druck, ständig sichtbar und aktiv zu sein, kann kreative Prozesse beeinträchtigen.

Hinzu kommt, dass nicht jedes Engagement gleichwertig ist: Ein oberflächliches Emoji-Kommentar trägt wenig zum Diskurs bei – wird vom Algorithmus aber dennoch als positives Signal gewertet. Zwischen echter künstlerischer Resonanz und rein algorithmischem Push verschwimmen daher mitunter die Grenzen.

3.1.3.3 Der Erfolg von Kunstwettbewerben auf Instagram

Instagram hat sich nicht nur als Plattform zur Präsentation künstlerischer Werke etabliert, sondern auch als Raum für interaktive Formate wie digitale Kunstwettbewerbe. Immer mehr Künstler*innen, Kollektive, Museen und Galerien nutzen

Wettbewerbsformate, um kreative Beteiligung zu fördern, Reichweite zu generieren und neue Talente zu entdecken. Der Erfolg solcher Wettbewerbe zeigt, wie soziale Medien die Kunstlandschaft verändert und demokratisiert haben.

Ein wesentlicher Erfolgsfaktor liegt in der einfachen Teilnahme: Wer ein Instagram-Konto besitzt, kann mitmachen – häufig genügt das Hochladen eines Beitrags mit einem spezifischen Hashtag. Diese niederschwellige Zugänglichkeit senkt die Einstiegshürden und öffnet Wettbewerbe für eine große Bandbreite von Künstler*innen – unabhängig von Ausbildung, Herkunft oder institutioneller Anbindung.

Durch die internationale Reichweite der Plattform entstehen dabei oft globale Wettbewerbe, die Teilnehmende aus verschiedenen Ländern zusammenbringen. Dies führt zu einer Vielfalt an künstlerischen Ausdrucksformen und Perspektiven, die traditionelle, lokal begrenzte Wettbewerbe selten erreichen.

Zentrale Rolle spielen dabei Hashtags, die als kuratorisches Instrument fungieren: Sie bündeln Beiträge, machen sie auffindbar und schaffen ein temporäres Archiv der eingereichten Arbeiten. Einige Hashtags wie #inktober, #drawthisinyourstyle oder #artchallenge erreichen Hunderttausende von Beiträgen und erzeugen eine Art virale Gruppendynamik, die den Wettbewerbscharakter mit einem starken Gemeinschaftsgefühl verbindet.

Im Gegensatz zu klassischen Wettbewerben, bei denen oft nur wenige Gewinner*innen öffentlich sichtbar werden, bieten Instagram-Wettbewerbe vielen Teilnehmenden die Möglichkeit, ihre Arbeiten einem größeren Publikum zu zeigen. Selbst ohne Gewinn kann die Teilnahme zur steigenden Sichtbarkeit führen: Durch Reposts, Story-Erwähnungen oder neue Follower*innen entstehen wertvolle Netzwerkeffekte.

Nicht selten entdecken Galerien, Agenturen oder Unternehmen neue Talente auf diesem Weg. Einige Künstler*innen berichten, dass ihre Karriere durch virale Wettbewerbsbeiträge erst richtig in Gang gekommen sei.

Trotz des Erfolgs sind Kunstwettbewerbe auf Instagram nicht frei von Kritik. Die Bewertung orientiert sich häufig an Likes und Kommentaren, was zu einer Ästhetisierung nach Algorithmen führen kann. Werke, die besonders farbintensiv, trendkonform oder emotional sind, erhalten mehr Aufmerksamkeit – nicht zwingend jene mit innovativem Konzept oder technischer Raffinesse.

Zudem besteht die Gefahr, dass der Wettbewerbsdruck kreative Prozesse eher hemmt als beflügelt oder dass langfristige Anerkennung von kurzfristiger Sichtbarkeit verdrängt wird.

Tab. 3.1 Beispiele für kunstpädagogische Inhalte auf sozialen Medien

Plattform	Inhaltstyp	Zielgruppe
YouTube	Tutorials, Kunstgeschichte	Allgemeine Öffentlichkeit, Kunstschüler*innen
Instagram	Tipps, Tutorials, Einblicke	Kunstliebhaber*innen, Anfänger*inen
Facebook	Live-Workshops, Gruppen	Kunststudent*innen, Bildungseinrichtungen

3.1.3.4 Kunstpädagogische Inhalte auf Social Media

Künstler*innen und Bildungseinrichtungen nutzen zunehmend soziale Plattformen wie YouTube, Instagram und Facebook, um kunstpädagogische Inhalte in Form von Tutorials, digitalen Ausstellungen und Live-Streaming-Workshops anzubieten. Diese digitalen Angebote erweitern den Zugang zur Kunstvermittlung und ermöglichen Lernenden, sich umfassend über verschiedene Techniken, künstlerische Stile und historische Hintergründe zu informieren.

Ein besonders gelungenes Beispiel dafür ist der YouTube-Kanal „The Art Assignment". Dieser vermittelt Kunstpädagogik auf innovative Weise durch eine breite Palette von Videos zu Themen wie Kunstgeschichte, Künstlerbiografien und praktischen Kunsttechniken (vgl. The Art Assignment, 2025).

Auch einzelne Künstler*innen wie Kate Lovell nutzen Instagram, um ihr Wissen zu teilen. Die britische Künstlerin veröffentlicht regelmäßig Tutorials und gewährt Einblicke in ihren kreativen Prozess. Ihre Beiträge reichen von Maltechniken und Materialempfehlungen bis hin zu persönlichen Tipps für die künstlerische Weiterentwicklung. Besonders beliebt ist ihre Instagram-Story-Serie „Aquarelltechniken für Anfänger", die viele Follower*innen begeistert und häufig geteilt wird (vgl. Lovell, 2021).

Durch solche digitalen Initiativen wird Kunstpädagogik nicht nur einem größeren Publikum zugänglich gemacht, sondern auch der direkte Austausch zwischen Künstler*innen und Lernenden gefördert. Diese interaktiven Formate bereichern das Lernen und eröffnen neue Möglichkeiten für kreative Entwicklung (Tab. 3.1).

3.1.3.5 Live-Streaming von Workshops und Ausstellungen

Live-Streaming hat sich in der Kunstpädagogik zu einem wirkungsvollen Instrument entwickelt. Es ermöglicht Künstler*innen und Lehrenden, interaktive Workshops und Kurse in Echtzeit anzubieten, bei denen Teilnehmende aktiv Fragen stellen, kommentieren und unmittelbar Rückmeldungen erhalten können. Diese Form der direkten Interaktion schafft ein dynamisches Lernumfeld, das oftmals als motivierender und nachhaltiger empfunden wird als traditionelle, rein rezeptive Unterrichtsformen.

Die Nutzung von Live-Streaming in kunstpädagogischen Kontexten reicht von Einführungskursen über spezifische Techniktrainings bis hin zu kollaborativen Projekten, bei denen die Lernenden aktiv in kreative Prozesse eingebunden werden. Die Möglichkeit, ortsunabhängig und zeitgleich mit Expert*innen in Kontakt zu treten, eröffnet ein hohes Maß an Flexibilität und Individualisierung im Lernprozess.

Plattformen mit entsprechenden Funktionen werden zunehmend in der Bildungspraxis integriert, da sie nicht nur die Vermittlung technischer Fertigkeiten unterstützen, sondern auch den Austausch und die Gemeinschaft fördern. Der Echtzeit-Charakter solcher Formate stärkt die Verbindung zwischen Lehrenden und Lernenden, erhöht die Aufmerksamkeitsspanne und schafft Raum für spontane kreative Impulse.

Zudem zeigt sich, dass die Kombination aus visueller Demonstration, sofortigem Feedback und dialogischer Kommunikation insbesondere im Bereich der Kunstvermittlung sehr effektiv ist. Sie unterstützt nicht nur den Wissenserwerb, sondern auch die Entwicklung individueller Ausdrucksformen und kreativer Selbstwirksamkeit.

3.1.3.6 Digitale Ausstellungen auf Facebook Live

Während der COVID-19-Pandemie haben viele Museen und Kunstgalerien auf Facebook Live zurückgegriffen, um digitale Ausstellungen und Führungen anzubieten. Das Museum of Modern Art (MoMA) in New York veranstaltete virtuelle Ausstellungen und Führungen durch seine Sammlungen. Ein Beispiel ist die digitale Führung durch die „Picasso Sculpture"-Ausstellung, die es den Zuschauern ermöglichte, die Skulpturen von Picasso aus der Nähe zu betrachten und von den Kuratoren mehr über die Kunstwerke zu erfahren (Tab. 3.2).

Tab. 3.2 Vergleich von Live-Streaming-Plattformen für Kunstpädagogik

Plattform	Art des Inhalts	Besonderheiten
Creative Live	Live-Workshops, Kurse	Echtzeit-Interaktion, Experten
Facebook Live	Digitale Ausstellungen, Führungen	Virtuelle Touren, Interaktive Führungen
Instagram Live	Live-Demonstrationen, Q&A	Direkte Interaktionen, Kunstprozess

3.1.4 Community Building

Patreon hat sich in den letzten Jahren als eine der bedeutendsten Plattformen für Künstler*innen etabliert, um eine kontinuierliche finanzielle Unterstützung direkt von ihrer Community zu erhalten. Anders als bei einmaligen Verkäufen oder unregelmäßigen Einnahmen über soziale Medien ermöglicht Patreon ein nachhaltiges Einkommensmodell auf Basis monatlicher Beiträge. Diese Form der direkten Förderung gibt Künstler*innen mehr Planungssicherheit und kreative Freiheit.

Über die Plattform bieten viele Kunstschaffende ihren Unterstützer*innen exklusive Inhalte an – darunter Skizzen, Making-ofs, Tutorials, Hintergrundgeschichten oder persönliche Einblicke in den Arbeitsprozess. Diese exklusiven Angebote schaffen nicht nur einen Mehrwert für die Unterstützer*innen, sondern stärken auch die emotionale Bindung zwischen Künstler*in und Community. Regelmäßige Updates, direkte Nachrichtenfunktionen und das Gefühl, Teil eines geschlossenen Kreises zu sein, fördern das Engagement und die Loyalität der Fans maßgeblich. In vielen Fällen ist diese enge Verbindung ein entscheidender Faktor dafür, dass künstlerische Arbeit langfristig unabhängig und authentisch fortgeführt werden kann.

Neben Patreon spielen auch soziale Netzwerke eine zentrale Rolle bei der Vernetzung und dem Austausch innerhalb der Kunstszene. Besonders Facebook-Gruppen und Instagram-Communities haben sich als lebendige Plattformen etabliert, auf denen sich Künstler*innen weltweit miteinander verbinden, gegenseitig unterstützen und voneinander lernen können. Facebook-Gruppen wie „Art Share & Critique" bieten geschützte Räume für den Austausch von Arbeiten, für konstruktives Feedback und für den Aufbau wertvoller Netzwerke. Die Dynamik solcher Gruppen ist oft geprägt von gegenseitigem Respekt, Offenheit und der gemeinsamen Absicht, sich weiterzuentwickeln.

Auch auf Instagram entstehen durch gezielten Community-Aufbau wertvolle Netzwerke. Ein Beispiel hierfür ist der Account @artofed, der sich an Kunstpädagog*innen und kunstinteressierte Personen richtet. Über regelmäßige Beiträge, Challenges, Live-Sessions und Interaktionen wird hier nicht nur Wissen geteilt, sondern auch eine inspirierende Atmosphäre geschaffen, die kreative Prozesse anregt. Hashtags, Reposts und Story-Features fördern die Sichtbarkeit von Künstler*innen und regen den Austausch über Techniken, Materialien und Ideen an.

Diese digitalen Räume – ob über Plattformen wie Patreon oder über soziale Netzwerke – leisten einen wichtigen Beitrag dazu, Kunst nicht nur sichtbar zu machen, sondern auch gemeinschaftlich weiterzuentwickeln. Sie schaffen neue

Tab. 3.3 Community-Building-Strategien für Künstler*innen

Plattform	Community-Building-Methode	Zielgruppe
Patreon	Exklusive Inhalte, direkte Unterstützung	Fans, Unterstützer
Facebook-Gruppen	Feedback, Netzwerken	Künstler, Kunstliebhaber
Instagram	Kunstpädagogische Inhalte, Interaktion	Kunststudenten, Pädagogen

Möglichkeiten der Anerkennung, der Wertschätzung und der finanziellen Absicherung künstlerischer Arbeit in einer zunehmend digitalen Welt. Gleichzeitig fördern sie eine Kultur des Teilens, des Miteinanders und der kreativen Solidarität, die für viele Künstler*innen zu einem zentralen Bestandteil ihres Schaffens geworden ist (Tab. 3.3).

Soziale Netzwerke haben die Kunstwelt in vielerlei Hinsicht nachhaltig verändert. Sie bieten Künstler*innen eine deutlich erweiterte Reichweite und ermöglichen direkte Interaktionen mit einem globalen Publikum. Über Plattformen wie Instagram, TikTok, YouTube und Facebook können Kunstschaffende ihre Werke präsentieren, ihr künstlerisches Schaffen dokumentieren und zugleich kunstpädagogische Inhalte in Form von Tutorials, Workshops oder Live-Streams vermitteln. Dadurch wird Kunst nicht mehr nur in Galerien oder Museen erlebt, sondern wird für ein breiteres Publikum jederzeit und überall zugänglich.

Diese digitalen Kanäle eröffnen neue Chancen für die Kunstvermittlung und fördern eine intensivere, interaktive Beziehung zwischen Künstlerinnen und Kunstinteressierten. Die Möglichkeit, direktes Feedback zu erhalten, Fragen zu beantworten oder gemeinsam kreativ tätig zu sein, schafft eine neue Dynamik, die traditionelle Formen des Kunstunterrichts ergänzt und erweitert. Gleichzeitig stellt die starke Konkurrenz um Aufmerksamkeit Künstlerinnen vor die Herausforderung, ihre Inhalte ansprechend und authentisch zu gestalten, um sich in der digitalen Flut hervorzuheben.

Die stetige Weiterentwicklung von sozialen Medien und digitalen Technologien wird die Art und Weise, wie Kunst präsentiert, geteilt und vermittelt wird, weiterhin grundlegend verändern. Künstler*innen müssen flexibel bleiben und sich ständig an neue Trends, Formate und Werkzeuge anpassen, um ihre Reichweite zu erhöhen und ihre Wirkung zu maximieren. Gleichzeitig entstehen durch diese Entwicklungen neue Möglichkeiten für partizipative Projekte, die die Grenzen zwischen Kunstschaffenden und Betrachter*innen aufheben und gemeinsame kreative Erfahrungen ermöglichen.

Insgesamt befindet sich die Kunstwelt in einem dynamischen Wandel. Digitale Plattformen sind heute ein zentraler Bestandteil der Kunstvermittlung und -präsentation, die nicht nur die Zugänglichkeit von Kunst deutlich erweitern, sondern auch innovative Formen der künstlerischen Interaktion und Vermittlung fördern. Für Künstler*innen, Pädagog*innen und Kunstliebhaber*innen ergeben sich dadurch vielfältige Chancen, die Zukunft der Kunst aktiv mitzugestalten.

3.2   Soziale Netzwerke als Kunstobjekt

Im vorherigen Abschnitt wurde untersucht, wie soziale Netzwerke als Medium fungieren, das Kunstpädagogik und kulturelle Kreation ermöglicht. Plattformen wie YouTube und Instagram wurden dabei als Werkzeuge betrachtet, die Künstler*innen und Bildungseinrichtungen für Reichweite und Engagement nutzen. Soziale Netzwerke sind jedoch nicht nur Kanäle für die Verbreitung und Vermittlung von Content, sondern auch selbst ein eigenständiges kulturelles und künstlerisches Material.

In diesem Abschnitt wird ein anderer Aspekt der sozialen Medien beleuchtet: Sie werden nicht nur als Kommunikationsmittel oder Plattform genutzt, sondern auch als kreatives Ausgangsmaterial für Kunstwerke. Digitale Kunst und Netzkunst entwickeln sich innerhalb der Strukturen sozialer Netzwerke und beschäftigen sich mit den spezifischen Dynamiken dieser digitalen Räume. Wir betrachten, wie soziale Netzwerke Raum für die Entstehung und Präsentation neuer Kunstformen bieten, wie Künstler*innen diese Plattformen als Bühne für performative Selbstdarstellungen nutzen, und wie Kunstwerke soziale Netzwerke und ihre Kultur kritisch reflektieren. Abschließend wird untersucht, wie Influencer als neue künstlerische Figuren in der Netzwerkkultur interpretiert werden.

Digitale Kunst und Netzkunst haben sich im Verlauf der letzten Jahrzehnte als eigenständige künstlerische Disziplinen etabliert, die untrennbar mit dem Aufstieg digitaler Technologien und des Internets verbunden sind. Während traditionelle Kunstwerke überwiegend auf physischen Materialien basieren, existiert digitale Kunst vollständig im virtuellen Raum. Netzkunst nutzt das Internet nicht nur als Medium, sondern auch als Raum und Material für die Entstehung von Kunstwerken, die häufig interaktiv, kollaborativ und vergänglich sind. Dabei geht es nicht nur um die Reflexion digitaler Kultur, sondern um eine umfassende Auseinandersetzung mit gesellschaftlichen Prozessen und Entwicklungen.

3.2.1 Digitale Kunstformen in sozialen Netzwerken

In sozialen Netzwerken wie Instagram, TikTok oder X haben sich spezifische digitale Kunstformen herausgebildet, die eng mit den Funktionsweisen, Ästhetiken und Dynamiken dieser Plattformen verknüpft sind. Diese Formate sind nicht nur Reaktionen auf die technischen Möglichkeiten, sondern auch auf die veränderten Rezeptionsgewohnheiten eines digital sozialisierten Publikums. Sie verbinden Kreativität, Geschwindigkeit, Interaktivität und kritische Reflexion. Zu den wichtigsten und einflussreichsten digitalen Kunstformen in diesem Kontext gehören:

1. **Memes:** Memes zählen zu den populärsten Formen digitaler Kunst im Umfeld sozialer Netzwerke. Sie sind humorvolle, satirische oder kritisch kommentierende Bild-Text-Kombinationen, die sich rasant verbreiten und in vielfältiger Weise transformiert werden können. Ein bekanntes Beispiel ist das „Distracted Boyfriend"-Meme, das ursprünglich ein Stockfoto war und in unzähligen Varianten verwendet wurde, um Themen wie Ablenkung, Konsum oder moderne Beziehungsdynamiken pointiert darzustellen. Memes leben von ihrer Wiedererkennbarkeit, ihrer schnellen Reaktionsfähigkeit auf gesellschaftliche Ereignisse und ihrer Fähigkeit, komplexe Inhalte in vereinfachter, zugänglicher Form zu transportieren. Künstler*innen und Theoretiker*innen wie Olga Goriunova (2019) weisen darauf hin, dass Memes nicht nur kulturelle Kommentare, sondern auch ästhetische Ausdrucksformen sind, die gesellschaftliche Strukturen sichtbar machen und kritisch hinterfragen.
2. **GIFs und Glitch Art:** GIFs – kurze, sich wiederholende Animationen – haben sich zu einer eigenständigen visuellen Sprache in digitalen Räumen entwickelt. Sie transportieren Emotionen, Reaktionen oder Ironie ohne Worte und sind durch ihre Kürze besonders gut für die schnelllebige Kommunikation auf sozialen Medien geeignet. Künstlerisch werden GIFs beispielsweise von Rosa Menkman (2011) genutzt, die durch ihre Glitch-Art-GIFs die Unvollkommenheiten und Störungen digitaler Technologien sichtbar macht. Solche Arbeiten machen das Medium selbst zum Thema: Digitale Fehler, Rauschen oder Verzerrungen werden nicht als Mängel, sondern als ästhetische Qualität begriffen – ein bewusster Bruch mit der Erwartung von technischer Perfektion.
3. **Loop-basierte Videoarbeiten:** Insbesondere auf TikTok und Instagram Reels sind kurze Videoformate entstanden, die nahtlos in Endlosschleifen laufen. Diese sogenannten Loops sind nicht bloß technische Effekte, sondern werden aktiv in die Dramaturgie eingebunden – etwa durch Bewegungen oder visuelle Tricks, die einen scheinbar unendlichen Rhythmus erzeugen. Diese Form spielt

mit der Wahrnehmung und fordert das Publikum heraus, Anfang und Ende eines Clips zu erkennen oder zu deuten.

4. **Interaktive Medienkunst:** Digitale Plattformen bieten Raum für Kunstwerke, die nicht nur konsumiert, sondern aktiv mitgestaltet werden. Interaktive Medienkunst lädt das Publikum ein, in den Schaffensprozess einzugreifen, Entscheidungen zu treffen oder eigene Inhalte beizusteuern. Ein frühes, wegweisendes Beispiel ist Olia Lialinas Webprojekt My Boyfriend Came Back from the War, das durch seine fragmentarische, klickbare Struktur individuell erfahrbar wird. In sozialen Medien zeigt sich dieses Prinzip etwa in partizipativen Formaten wie interaktiven Stories, AR-Filtern oder Live-Streams, bei denen Künstleri*nnen direkt mit ihrer Community interagieren. Die Grenze zwischen Künstlerin und Publikum verschwimmt – beide werden zu Co-Autor*innen eines Werkes (vgl. Lialina, o. J.).

5. **Augmented Reality (AR) und Face Filters:** Mit AR-Filtern haben sich auf Instagram, TikTok und Snapchat interaktive Kunstformen etabliert, die mit der Realität spielen. Künstler*innen entwickeln digitale Masken, Effekte oder Umgebungen, die sich über das Kamerabild legen und in Echtzeit auf Nutzer*innen reagieren. Diese Filterkunst bewegt sich an der Schnittstelle zwischen Installation, Performance und digitalem Design – und bietet zugleich eine niederschwellige Möglichkeit zur kreativen Selbstdarstellung.

6. **Text-Bild-Kompositionen und visuelle Poesie:** In sozialen Netzwerken verbreiten sich auch künstlerische Arbeiten, die Sprache und Bild in neuer Weise kombinieren. Besonders auf Instagram entstehen Werke, die poetische Texte, Typografie und minimalistische Gestaltungselemente verbinden. Diese Formen der digitalen Poesie – oft handschriftlich, skizzenhaft oder in Collagen eingebettet – nutzen die visuelle Oberfläche sozialer Plattformen als Präsentationsraum für persönliche, politische oder literarische Ausdrucksformen.

7. **Memetische Kunst und Social Commentary:** Ein weiteres wichtiges Feld ist die kritische, oft ironische Auseinandersetzung mit gesellschaftlichen Themen in memetischer Form. Künstler*innen nutzen Trends, virale Formate und Symbole der Popkultur, um aktuelle politische oder soziale Fragen aufzugreifen. Die hohe Verbreitungsgeschwindigkeit solcher Inhalte verstärkt ihre Reichweite – gleichzeitig können sie bewusst subversiv eingesetzt werden, um Denkanstöße zu geben oder Widerstand zu formulieren (vgl. Goriunova, 2019).

3.2.2 Netzkunst und die Subversion sozialer Plattformen

Neben diesen etablierten digitalen Kunstformen gibt es eine Vielzahl künstlerischer Projekte, die gezielt die Mechanismen, Logiken und Infrastrukturen
sozialer Netzwerke nutzen oder unterlaufen, um neue Ausdrucksformen zu entwickeln. Diese Art der Netzkunst ist häufig kritisch, konzeptuell und politisch
motiviert. Sie beschäftigt sich nicht nur mit der Oberfläche digitaler Ästhetik,
sondern thematisiert die dahinterliegenden Machtverhältnisse, Filtermechanismen
und algorithmischen Steuerungen, die unsere Wahrnehmung digitaler Räume
formen.

Soziale Netzwerke sind längst nicht mehr neutrale Plattformen für den Austausch, sondern agieren als mächtige Akteure in der Verteilung von Sichtbarkeit,
Aufmerksamkeit und Bedeutung. Künstler*innen, die in diesem Feld arbeiten,
greifen diese Strukturen auf, indem sie etwa virale Mechanismen unterlaufen,
die Aufmerksamkeitsökonomie bewusst ins Leere laufen lassen oder durch die
gezielte Manipulation von Hashtags und Interaktionsmustern die Logik der Algorithmen hinterfragen. Digitale Kunst wird in diesem Kontext zu einem Werkzeug
der Reflexion und Kritik – nicht nur über Inhalte, sondern über die Medien selbst,
durch die diese Inhalte vermittelt werden.

Eine bedeutende Stimme in diesem Feld ist Jenny Holzer, deren Projekt *Pro-
jections* (2018) exemplarisch zeigt, wie digitale Öffentlichkeiten durch Kunst
herausgefordert werden können. Ihre Arbeiten bestehen aus prägnanten Textbotschaften – oft Zitate, Statements oder Fragen –, die sie sowohl im öffentlichen
Raum auf Gebäudefassaden als auch im virtuellen Raum durch soziale Medien
sichtbar macht. Dabei verbindet Holzer die physischen und digitalen Sphären, um
auf die fluiden Grenzen moderner Informationskulturen aufmerksam zu machen.

Ihre Botschaften wirken oft unmittelbar, drängen sich dem Blick auf und
reflektieren gleichzeitig die Überforderung, mit der viele Menschen in einer durch
permanente Nachrichtenströme geprägten Gesellschaft konfrontiert sind. In einer
Umgebung, in der Informationen in Sekundenbruchteilen erscheinen und wieder
verschwinden, erzeugt Holzer mit minimalistischen, aber eindringlichen Texten
einen Moment der Irritation, der zur Reflexion einlädt. Sie legt offen, wie leicht
Informationen aus dem Kontext gerissen, manipuliert oder instrumentalisiert werden können – sei es durch Medien, durch politische Akteure oder durch die
scheinbare Neutralität technischer Plattformen.

Dabei stellt Holzer nicht nur kritische Fragen über den Inhalt von Informationen, sondern auch über ihre Form, Verbreitung und Wirkung: Wer entscheidet,
was sichtbar ist? Welche Inhalte werden algorithmisch bevorzugt – und warum?
Wie verändert sich unser Denken in einer Welt, in der visuelle Überflutung zur

Normalität geworden ist? Holzer macht deutlich, dass digitale Kunst nicht nur im ästhetischen Sinne relevant ist, sondern auch als politisches Medium, das unsere Beziehung zu Wahrheit, Öffentlichkeit und Macht reflektiert.

Diese Form der Netzkunst zeigt, dass soziale Medien nicht nur Orte der Repräsentation oder Kommunikation sind, sondern auch komplexe, oft undurchsichtige Systeme, deren Strukturen selbst zum Gegenstand künstlerischer Auseinandersetzung werden. Kunst in digitalen Räumen kann damit weit mehr sein als dekorativer Inhalt – sie kann zu einem kritischen Instrument werden, das zum Denken, Hinterfragen und Handeln anregt.

3.2.3 Ephemere Kunst: Vergänglichkeit als Konzept in der Netzkunst

Ein zentraler Aspekt der Netzkunst ist die Vergänglichkeit digitaler Inhalte. Im Gegensatz zu traditionellen Kunstwerken, die auf Beständigkeit und Langlebigkeit abzielen, sind digitale Kunstwerke oft flüchtig und zeitlich begrenzt. In sozialen Netzwerken wie Instagram oder Snapchat gibt es Formate, bei denen Inhalte nur für einen bestimmten Zeitraum verfügbar sind, bevor sie automatisch gelöscht werden. Dies hat die Wahrnehmung und das Verständnis von Kunst verändert.

3.2.4 Digitale Installationen und virtuelle Galerien

Neben Memes, GIFs und interaktiven Kunstprojekten entwickeln sich zunehmend auch digitale Installationen und virtuelle Galerien als Kunstform. Künstler*innen nutzen virtuelle Räume, um ihre Werke zu präsentieren und den Betrachter*innen immersive Erfahrungen zu ermöglichen. Diese virtuellen Installationen greifen oft auf VR- oder AR-Technologien zurück, um Kunstwerke zu schaffen, die sowohl digital als auch interaktiv sind.

Die digitale Kunst und Netzkunst in sozialen Netzwerken nicht nur ein Medium zur Kommunikation, sondern eine eigenständige künstlerische Praxis, die die Strukturen, Ästhetiken und Dynamiken dieser Plattformen als künstlerisches Material verwendet. Die Netzkunst thematisiert die politischen, sozialen und technologischen Implikationen des Internets und schafft dabei Kunstwerke, die flüchtig, interaktiv und tief in der digitalen Kultur verwurzelt sind.

3.2.5   Selbstdarstellung und Social-Media-Performance

Eine besondere Rolle in der digitalen Kunst nimmt die Selbstdarstellung ein, die durch soziale Netzwerke eine neue Plattform für Künstler*innen und Performer*innen gefunden hat. Auf Plattformen wie Instagram, OnlyFans, TikTok und X wird die Selbstdarstellung nicht nur zum Mittel der Kommunikation, sondern auch zur performativen Kunstform, in der Identitäten konstruiert und neu interpretiert werden.

Der Begriff Social-Media-Performance bezeichnet künstlerische Aktionen oder Projekte, bei denen die Selbstinszenierung in sozialen Netzwerken im Mittelpunkt steht. Künstler*innen setzen sich mit der Frage auseinander, wie sich Identität und Authentizität in diesen Räumen darstellen lassen und wie soziale Netzwerke die Selbstwahrnehmung beeinflussen. Auch hier können wir wieder auf das Beispiel der Arbeit von Amalia Ulman. In ihrer Instagram-Performance „Excellences & Perfections" (2014) zurückgreifen, so inszenierte Ulman einen monatelangen Wandel ihrer eigenen Person, der auf den Konventionen und Erwartungen basierte, die innerhalb sozialer Netzwerke herrschen. Durch die bewusste Manipulation ihrer Instagram-Präsenz stellte sie die Echtheit von Identitäten infrage und verwies auf die Künstlichkeit der Online-Selbstdarstellung (vgl. Ulman, 2014). Erst nach dem Abschluss der Performance wurde enthüllt, dass ihre gesamte Transformation fiktiv war, was das Publikum dazu zwang, die Grenzen zwischen Kunst, Performance und Realität neu zu überdenken.

Auch andere Künstler*innen nutzen soziale Netzwerke als Bühne für performative Aktionen. Der Künstler Zach Blas etwa thematisiert in seinem Werk „Contra-Internet" (2017) die politische und ökonomische Macht des Internets und die zunehmende Kontrolle von Technologieunternehmen über digitale Identitäten (vgl. Blas, 2017). In seiner performativen Arbeit spielt Blas mit der Idee von Online-Identitäten, die sich den hegemonialen Machtstrukturen des Internets widersetzen und stellt damit eine Reflexion über die Möglichkeiten von Selbstbestimmung und Widerstand im digitalen Raum dar.

3.2.6   Kritik der Social-Media-Kultur durch Kunst

Soziale Netzwerke stehen häufig in der Kritik, weil sie Oberflächlichkeit, Konsumkultur und Filterblasen fördern – Algorithmen, die Nutzer*innen bevorzugt Inhalte zeigen, die ihren bestehenden Ansichten entsprechen, und somit die Wahrnehmung der Realität verzerren. Diese Phänomene sind ein wiederkehrendes Thema in der künstlerischen Auseinandersetzung mit den sozialen Netzwerken.

Jenny Holzer, eine Künstlerin, die für ihre kritischen Textbotschaften bekannt ist, hat ihre Arbeit auf digitale Plattformen ausgeweitet und beleuchtet dort die Oberflächlichkeit und Manipulierbarkeit von Informationen. Ihre Textprojektionen, die oft politische und soziale Botschaften in den öffentlichen Raum werfen, zielen darauf ab, die Reflexionslosigkeit der Konsumkultur zu entlarven. Indem sie den öffentlichen und digitalen Raum als Plattform für ihre Arbeiten nutzt, lenkt Holzer die Aufmerksamkeit auf die flüchtige Natur von Informationen in sozialen Netzwerken und deren Einfluss auf das öffentliche Bewusstsein (vgl. Holzer, n.d.).

Ein weiteres zentrales Thema ist die Schnelllebigkeit von Inhalten in sozialen Netzwerken. Plattformen wie Instagram und TikTok leben von der Flüchtigkeit der Beiträge – oft erscheinen sie nur für wenige Sekunden auf dem Bildschirm, bevor sie von neuen ersetzt werden. Diese ephemere Natur digitaler Inhalte steht im starken Kontrast zur traditionellen Vorstellung von Kunst als dauerhaftem, beständigem Objekt. Zahlreiche Künstler*innen setzen sich mit dieser Vergänglichkeit auseinander und entwickeln Werke, die die rasante Taktung und den konsumorientierten Umgang mit digitalen Medien reflektieren. So thematisieren etwa die Projekte von Ben Grosser die ständige Suche nach Anerkennung und die Mechanismen der „Like"-Kultur in sozialen Netzwerken (vgl. Grosser, o. J.).

3.2.7 Influencer als Kunstfiguren

Ein faszinierendes und neues Phänomen in der digitalen Kunst ist die künstlerische Auseinandersetzung mit Influencer*innen. Influencer*innen sind Personen, die in sozialen Netzwerken eine große Reichweite haben und durch ihre Präsenz in der Lage sind, Trends zu setzen und Konsumgewohnheiten zu beeinflussen. Künstler*innen haben begonnen, Influencer*innen nicht nur als kulturelle Phänomene zu betrachten, sondern sie auch als künstlerische Figuren zu inszenieren.

Künstler*innen wie Eva und Franco Mattes haben fiktive Influencer*innen-Charaktere erschaffen, um die Mechanismen der Selbstinszenierung und Vermarktung in den sozialen Netzwerken zu hinterfragen. In ihrem Werk „The Influencer" (2020) inszenieren sie einen computergenerierten Influencer, der auf den ersten Blick nicht von echten Personen zu unterscheiden ist. Diese Kunstfigur stellt die Künstlichkeit von Influencer-Identitäten infrage und regt dazu an, über die Bedeutung von Authentizität im digitalen Raum nachzudenken (vgl. Mattes & Mattes, 2020).

Ein weiteres Beispiel ist Lil Miquela, eine virtuelle Influencerin, die Millionen von Follower*innen auf Instagram hat. Lil Miquela wurde von einer Gruppe von

Künstler*innen und Programmierer*innen erschaffen und agiert wie eine reale Person. Sie interagiert mit ihren Follower*innen, veröffentlicht Fotos und Videos und spricht über gesellschaftliche Themen, obwohl sie nur eine computergenerierte Figur ist. Diese Kunstfigur symbolisiert die Vermischung von Realität und Fiktion in den sozialen Netzwerken und stellt wichtige Fragen über Authentizität, Selbstinszenierung und die Grenzen der Identität im digitalen Zeitalter (vgl. Miquela, 2020).

Soziale Netzwerke haben sich von reinen technischen Plattformen zum Kommunikationsaustausch zu eigenständigen künstlerischen Plattformen entwickelt, welche eigenständige Kunstformen entwickeln und darstellen können. Durch Memes, GIFs und interaktiver Medienkunst werden die Dynamiken dieser Plattformen auf kreative Weise genutzt und hinterfragt. Performative Selbstdarstellungen wie die oben schon genannten von Amalia Ulman verdeutlichen, wie die soziale Netzwerkkultur das Verständnis von Identität und Authentizität beeinflusst. Gleichzeitig übt die Kunst Kritik an den Auswirkungen sozialer Netzwerke auf den öffentlichen Diskurs, insbesondere in Bezug auf Konsumkultur, Filterblasen und Schnelllebigkeit. Schließlich bieten Influencer*innen, sowohl reale als auch fiktive, neue Perspektiven auf die Inszenierung und Manipulation von Identitäten in der digitalen Welt.

3.3   User-Generated Content als partizipative Kunst

Die Verbreitung von Plattformen für Nutzer*innen-generierte Inhalte (User*innen-Generated Content, UGC) eröffnet weitere Möglichkeiten für künstlerische Kollaboration und Interaktion zwischen Künstler*innen und Publikum. Dieser Prozess wird als partizipative Kunst bezeichnet, bei der die Reaktionen und Beiträge der Nutzer*innen nicht nur als Ergänzung, sondern als integraler Bestandteil des Kunstwerks betrachtet werden. Die Rolle der Künstler*innen wandelt sich dabei von alleinigen Schöpfer*innen hin zu Initiator*innen und Kurator*innen eines kreativen Prozesses, der durch die Beteiligung eines Kollektivs von Nutzer*innen bereichert wird. Diese Entwicklung wirft Fragen auf, wie künstlerische Autonomie und kollektive Schöpfung koexistieren können und inwiefern UGC als Kunstform anerkannt werden kann.

3.3.1   Nutzer-generierte Inhalte und die Theorie der Partizipation in der Kunst

Die Idee der Partizipation in der Kunst hat eine lange Tradition, die sich bereits in den 1960er Jahren mit den Arbeiten von Künstler*innen wie Joseph Beuys, Yoko Ono und dem Fluxus-Kollektiv entwickelte. Diese Künstler*innen forderten die aktive Beteiligung des Publikums an der Kunstproduktion. Im digitalen Zeitalter ermöglicht die Schaffung und Verbreitung von UGC eine Ausweitung dieses partizipativen Ansatzes. Nutzer werden nicht nur zu Rezipienten, sondern zu Mitschöpfern des künstlerischen Werkes. In den sozialen Medien und auf Plattformen wie YouTube, Instagram und TikTok können sie Inhalte generieren, die in künstlerische Projekte integriert werden.

Nutzer-generierte Inhalte lassen sich dabei im Kontext der Partizipativen Kunst verstehen, die darauf abzielt, den traditionellen Künstler*in-Zuschauer*in-Dualismus aufzubrechen. In der partizipativen Kunst ist das Werk erst durch die Interaktion mit den Rezipient*innen vollständig, die sich aktiv am kreativen Prozess beteiligen. Claire Bishop, eine der führenden Theoretiker*innen der partizipativen Kunst, hebt hervor, dass diese Form der Kunst das soziale Gefüge und die Beziehungen zwischen Individuen als Material des künstlerischen Ausdrucks nutzt (vgl. Bishop, 2012). Dabei kann UGC als neue Möglichkeit gesehen werden, das Publikum in die Entstehung des Kunstwerks einzubinden und das künstlerische Werk in einem dynamischen, kollaborativen Prozess zu schaffen.

3.3.2   Nutzer-generierte Inhalte als integraler Bestandteil des Kunstwerks

Ein zentraler Aspekt partizipativer Kunstprojekte ist, dass die von Nutzern generierten Inhalte als wesentlicher Bestandteil des Kunstwerks betrachtet werden. Dies steht im Gegensatz zu traditionelleren Konzepten der Kunst, bei denen der/die Künstler*in die alleinige Kontrolle über das Endprodukt hat. In einem partizipativen Kunstwerk trägt das Publikum durch eigene kreative Beiträge zur Fertigstellung des Werkes bei. Ein Beispiel hierfür ist die Kunstform der „open artworks", bei denen Werke bewusst unvollständig gelassen werden, um durch das Publikum vervollständigt zu werden. Ein bekanntes Beispiel aus der zeitgenössischen digitalen Kunst ist Aaron Koblin's „The Johnny Cash Project", ein kollaboratives Musikvideo, bei dem Nutzer auf einer Plattform Zeichnungen beisteuern konnten, die schließlich zu einem animierten Musikvideo zusammengefügt wurden (vgl. Koblin, 2010).

Dieses Beispiel zeigt, wie nutzergenerierte Inhalte in Kunstwerke integriert werden können und der kreative Prozess somit nicht mehr ausschließlich im Atelier des Künstlers stattfindet, sondern in der kollektiven Sphäre des Internets. Die Nutzung von UGC in der Kunst erfordert jedoch ein Umdenken hinsichtlich der Rolle des Künstlers und des Publikums. Der/die Künstler*in wird zu einem/einer Kurator*in und Vermittler*in, der die Beiträge der Nutzer*innen lenkt und ordnet, während das Publikum eine aktivere Rolle im Schaffensprozess übernimmt. Diese Form der Partizipation kann als kollaborative Kunst bezeichnet werden, bei der die Grenzen zwischen Künstler*in und Rezipient*in zunehmend verschwimmen.

3.3.3 Kollaborative Kunstprojekte und die Rolle sozialer Netzwerke

Mit der Entwicklung sozialer Netzwerke und digitaler Plattformen hat sich die Möglichkeit zur Schaffung kollaborativer Kunstprojekte massiv erweitert. Künstler*innen können heute auf eine globale Gemeinschaft von Nutzer*innen zugreifen, die durch ihre Beiträge zur Schaffung von Kunstwerken beitragen. Diese Form der kollaborativen Kunst erstreckt sich oft über geografische und kulturelle Grenzen hinweg und nutzt die globale Vernetzung, um Werke zu schaffen, die ein kollektives Bewusstsein widerspiegeln.

In kollaborativen Kunstprojekten spielt das soziale Netzwerk eine doppelte Rolle: Es fungiert sowohl als Plattform für die Verbreitung und Kommunikation als auch als Raum für die Entstehung des Kunstwerks selbst. Henry Jenkins' Theorie der „Konvergenzkultur" beschreibt diese Entwicklung als einen Zustand, in dem die Grenzen zwischen Produzent*innen und Konsument*innen, zwischen Kunst und Publikum, zunehmend aufgehoben werden (vgl. Jenkins, 2006). In einer solchen Kultur sind die künstlerischen Werke nicht mehr das exklusive Produkt eine seiner einzelnen Künstler*in, sondern entstehen im Dialog und in der Interaktion zwischen verschiedenen Akteur*innerhalb eines Netzwerks.

3.3.4 Die Autorschaft in der Ära der Nutzer-generierten Kunst

Die Frage der Autorschaft ist in der Diskussion um Nutzer*innen-generierte Inhalte (User-Generated Content, UGC) in der Kunst von zentraler Bedeutung. Traditionell galt der/die Künstler*in als alleiniger Schöpfer eines Werks, der/die das Werk aus seiner/ihrer eigenen Perspektive und mit individueller Handschrift formt. Mit der Integration von UGC wird dieses Konzept infrage gestellt. Roland Barthes' Essay „Der Tod des Autors" ist in diesem Zusammenhang besonders relevant. Barthes argumentiert, dass die Bedeutung eines Werkes nicht an die Intention des Autors gebunden sei, sondern durch den Akt der Rezeption – also durch die Leser*innen oder Betrachter*innen – neu erzeugt werde. Für Barthes verliert der/die Autor*in seine/ihre zentrale Rolle als Quelle der Bedeutung, und die Interpretation eines Werkes wird zu einem offenen Prozess, der von den Leser*innen oder Betrachter*innen abhängt (vgl. Barthes, 2000).

Im Kontext von partizipativer Kunst und UGC wird dieser Gedanke auf eine neue Ebene gehoben. Der „Tod des Autors" bedeutet hier nicht nur, dass der/die Künstlerin nicht die alleinige Deutungshoheit über sein/ihr Werk hat, sondern dass die Nutzer*innen aktiv in den Schaffensprozess eingreifen und damit die Entstehung des Kunstwerks mitbestimmen. Die Autorschaft wird kollektiv, und der kreative Akt wird zu einem dynamischen, dialogischen Prozess zwischen Künstlerin und Publikum. Barthes' Konzept lässt sich also unmittelbar auf kollaborative Kunstprojekte übertragen, in denen der/die Künstlerin nicht mehr als alleiniger Urheberin des Werkes betrachtet werden kann, sondern die Beiträge der Nutzer*innen zu einem wesentlichen Teil des Kunstprozesses werden.

3.3.5 Herausforderungen und Potenziale der Integration von UGC in die Kunst

Obwohl UGC zahlreiche Möglichkeiten zur Schaffung partizipativer und kollaborativer Kunstwerke bietet, gibt es auch Herausforderungen, die mit dieser Entwicklung einhergehen. Eine der zentralen Fragen ist die Autorschaft und die künstlerische Kontrolle. Wenn ein Werk durch die Beiträge vieler verschiedener Nutzer*innen entsteht, stellt sich die Frage, wer letztendlich als Urheber*in des Kunstwerkes betrachtet werden kann. In diesem Kontext lässt sich Roland Barthes' Konzept vom „Tod des Autors" erneut aufgreifen, da die Individualität des/der Künstler*in in der Masse der beteiligten Nutzer*innen untergehen könnte. Dennoch birgt diese Entwicklung das Potenzial, Kunstwerke zu schaffen, die durch ihre Vielfalt und den kollektiven kreativen Prozess eine neue Art von künstlerischem Ausdruck repräsentieren.

Ein weiteres potenzielles Problem ist die Frage nach der Qualität der Beiträge. Da die Nutzer*innen in der Regel Laien sind, könnte das Werk eine uneinheitliche ästhetische Qualität aufweisen, was zu Spannungen zwischen den Ansprüchen professioneller Künstler*innen und der Offenheit für alle Arten von Beiträgen führen könnte. Allerdings argumentiert der Kunsttheoretiker Nicolas Bourriaud (vgl. Bourriaud, 1998), dass es in der heutigen Kunst weniger um ästhetische Perfektion als um die Schaffung sozialer Beziehungen und Prozesse geht. In diesem Sinne könnte die Nutzung von UGC als Erweiterung der künstlerischen Möglichkeiten verstanden werden, die die Rolle des Publikums im Schaffensprozess neu definiert.

Die Integration von Nutzer*innen-generierten Inhalten in Kunstwerke stellt eine bedeutende Entwicklung in der zeitgenössischen Kunst dar. Sie ermöglicht die Schaffung von partizipativen und kollaborativen Kunstprojekten, bei denen die Reaktionen und kreativen Beiträge des Publikums zu einem integralen Bestandteil des Werkes werden. Diese Form der Kunst stellt traditionelle Vorstellungen von Autorschaft und künstlerischer Kontrolle infrage und bietet gleichzeitig neue Möglichkeiten für eine demokratische und gemeinschaftliche Kunstproduktion. Obwohl die Nutzung von UGC in der Kunst mit Herausforderungen verbunden ist, wie etwa der Frage nach der künstlerischen Qualität und Autorschaft, eröffnet sie dennoch spannende neue Perspektiven für das Verständnis von Kunst im digitalen Zeitalter.

3.4   Soziale Netzwerke und die Kommerzialisierung von Kunst

Dank der Möglichkeiten, die Social-Media-Plattformen wie Instagram, Facebook und TikTok bieten, können Künstler*innen ihre Werke direkt an ein globales Publikum verkaufen. Diese neue Art der Monetarisierung von Kunst durch Social Media verändert das traditionelle Kunstgeschäft und öffnet Türen zu neuen, digitalen Verkaufskanälen. Besonders der Bereich des E-Commerce hat eine Schlüsselrolle in diesem Prozess übernommen und ermöglicht es Künstler*innen, ihre Kunstwerke weltweit zu vermarkten und zu verkaufen, ohne auf Galerien oder Kunstauktionen angewiesen zu sein.

3.4.1   Social Media als Verkaufsplattform für Künstler*innen

Die Entstehung von Social Media hat Künstler*innen nicht nur die Möglichkeit gegeben, ihre Werke einem breiten Publikum zu präsentieren, sondern auch, sie direkt über diese Plattformen zu verkaufen. Diese direkte Interaktion mit potenziellen Käufer*innen bietet nicht nur ein persönlicheres Erlebnis, sondern umgeht auch den traditionellen Kunstmarkt, der oft durch Galerien, Kunsthändler*innen oder Auktionshäuser geprägt ist.

Ein Beispiel für diese Entwicklung ist Instagram, eine der beliebtesten Plattformen für visuelle Kunst. Hier können Künstler*innen ihre Werke in einem digitalen Portfolio präsentieren, direkt mit Käufer*innen kommunizieren und oft auch direkt über die Plattform den Verkauf abwickeln. Ein zentrales Tool, das Instagram dabei anbietet, ist die „Instagram Shopping"-Funktion. Mit dieser Funktion können Künstler*innen ihre Kunstwerke direkt auf ihrem Profil verkaufen, indem sie ihre Posts mit Links zu einem integrierten Shop versehen, wo die Kunstwerke direkt käuflich erworben werden können.

Laut einer Umfrage des Hiscox Online Art Trade Reports von 2020 gaben 80 % der befragten Käufer*innen an, dass sie bereits Kunstwerke über Instagram entdeckt und gekauft haben. Der Trend geht also deutlich dahin, dass Social Media als Verkaufsplattform immer relevanter wird und eine zentrale Rolle im digitalen Kunstmarkt übernimmt (vgl. Hiscox Online Art Trade Report, 2020).

Ein für das Unternehmen Meta wie auch der Konsumenten wichtiger Bestandteil von Instagram ist die „Instagram Shopping"-Funktion. Diese ermöglicht es Künstler*innen, ihre Kunstwerke zu „taggen" und mit einem Preis und einem Link zu einem Online-Shop zu versehen, in dem das Kunstwerk direkt gekauft werden kann. Dies schafft eine nahtlose Integration zwischen dem Entdecken von Kunst und dem Kaufprozess. Kund*innen können während des Scrollens durch ihren Instagram-Feed ein Kunstwerk entdecken und es mit nur wenigen Klicks erwerben. Diese direkte Verbindung zwischen Social Media und E-Commerce hat zu einer Demokratisierung des Kunstmarktes geführt, da Künstler*innen ihre Werke weltweit vermarkten können, ohne auf eine Galerie oder eine komplexe Verkaufsstruktur angewiesen zu sein.

Facebook bietet eine ähnliche Funktion über „Facebook Shops". Diese Funktion ermöglicht es Künstler*innen, einen Online-Shop direkt auf ihrer Facebook-Seite zu erstellen, der dann von ihren Follower*innen durchstöbert werden kann. Diese Shops sind in der Lage, Bestellungen zu bearbeiten und Zahlungen zu akzeptieren, was den Verkaufsprozess stark vereinfacht. Facebook bietet darüber hinaus auch eine gezielte Werbung durch „Facebook Ads", wodurch Künstler*innen ihre Werke einem spezifischen, interessierten Publikum präsentieren können.

Während Instagram und Facebook sich auf statische Bilder und Galerien spezialisiert haben, ist TikTok eine Plattform, die auf Kurzvideos setzt. Hier können Künstler*innen ihre Kunstwerke durch kurze, kreative Videos inszenieren, was besonders für jüngere Zielgruppen attraktiv ist. Die Videoplattform ermöglicht es

Künstler*innen nicht nur, ihre Werke zu zeigen, sondern auch den Entstehungsprozess zu dokumentieren. Diese Art der Vermarktung hat das Potenzial, eine sehr persönliche Bindung zu den Follower*innen aufzubauen.

Der TikTok-E-Commerce-Bereich ist ebenfalls im Wachsen begriffen. So können Künstler*innen über TikTok-Shopping-Funktionen direkt ihre Kunstwerke verkaufen und durch die gezielte Nutzung von viralen Trends eine enorme Reichweite erzielen. Ein Video, das die Entstehung eines Kunstwerks zeigt, kann schnell viral gehen und somit eine große Nachfrage nach dem Werk schaffen.

Ebenso etabliert hat sich das Online-Netzwerk OnlyFans als monetäre Plattform für Künstler*innen. Hier wird vor allem der direkte Austausch mit dem Künstler monetarisiert, bei dem sich Fans (analog zu früheren Fanclubs) per Abonnement exklusiven Inhalten und direkten Zugang der Künstler sichern.

3.4.2   Der Einfluss von Zahlungsabwicklungsdiensten und Online-Marktplätzen

Neben Social-Media-Plattformen, die Verkaufskanäle für die Monetarisierung entwickeln, gibt es auch Online-Marktplätze, welche die Zielgruppe Künstler*innen direkt ansprechen. So entwickelte sich Etsy zum Vorreiter einer monetären Verwertung für Kunst, die vor allem als Nebenerwerb ausgeübt wird.

So monetarisierte die Psychologin Kate Segal ihre künstlerischen Aktivitäten, welche sie über Social Media bekannt machte, auf dem Online-Marktplatz Etsy. Neben ihren Follower*innen erreichte sie so auch bekannte Marken, die ihre Werke nutzen. (vgl. Business Insider, 2024).

Plattformen wie Etsy, Shopify und Zahlungsanbieter wie PayPal oder Stripe ermöglichen durch einfache Integrationen in Social-Media-Plattformen erlauben es Künstler*innen, Influencer*innen und Content Creators ohne großen technischen Aufwand die Monetarisierung durch Electronic Commerce.

Neben Shopify und Etsy bieten auch spezialisierte Kunstplattformen wie Saatchi Art oder Artsy eine Möglichkeit, Kunstwerke zu verkaufen. Diese Plattformen haben einen integrierten E-Commerce-Bereich, in dem Künstler*innen ihre Werke ausstellen und verkaufen können. Sie bieten zudem eine große Reichweite, da sie bereits von Kunstsammler*innen und potenziellen Käufer*innen frequentiert werden.

3.4.3 Kunst als Markenbildung: Nutzung sozialer Netzwerke zur Stärkung der persönlichen Marke als Künstler*in

Neben dem direkten Verkauf über E-Commerce-Plattformen ist die Markenbildung ein weiterer entscheidender Faktor für den Erfolg eines/einer Künstler*in in den sozialen Medien. Eine starke persönliche Marke hilft Künstler*innen nicht nur dabei, ihre Kunstwerke zu verkaufen, sondern auch, ein treues und engagiertes Publikum aufzubauen.

Durch regelmäßige Posts, Einblicke in den kreativen Prozess und den Aufbau einer authentischen Online-Präsenz können Künstler*innen eine einzigartige Markenidentität schaffen. Diese Identität hilft dabei, sich von anderen Künstler*innen abzuheben und eine emotionale Verbindung zu den Follower*innen herzustellen. Die Authentizität der Marke ist ein wesentlicher Faktor, der Künstler*innen auf Social Media von anonymen Verkäufer*innen unterscheidet und es ihnen ermöglicht, eine persönliche Beziehung zu ihren Follower*innen und Käufer*innen aufzubauen.

Ein prominentes Beispiel ist der Künstler Alec Monopoly, der seine Präsenz auf Instagram genutzt hat, um sich als moderne Street-Art-Ikone zu etablieren. Durch regelmäßige Interaktionen mit seinen Follower*innen und exklusive Einblicke in seine Kunstprojekte hat er eine starke Marke aufgebaut, die sowohl für Kunstsammler*innen als auch für Follower*innen attraktiv ist.

Trotz der vielen Vorteile gibt es auch Herausforderungen bei der Monetarisierung von Kunst über Social Media und E-Commerce. Zum einen ist der Markt zunehmend gesättigt, und es kann schwierig sein, sich von der Masse abzuheben. Zum anderen müssen Künstler*innen konstant hochwertige Inhalte produzieren und ihre Community pflegen, um relevant zu bleiben. Außerdem kann die Preistransparenz ein Problem darstellen, da es auf Social-Media-Plattformen oft keine klare Preisstruktur gibt und potenzielle Käufer*innen verunsichert sein könnten.

Trotzdem bietet die Monetarisierung von Kunst durch E-Commerce und Social Media enorme Potenziale. Die globale Reichweite und die Möglichkeit, direkt mit einem internationalen Publikum in Kontakt zu treten, eröffnen neue Horizonte für Künstler*innen, die früher auf lokale Märkte beschränkt waren.

Die Monetarisierung von Kunst durch Social Media und E-Commerce hat das Potenzial, die Kunstwelt nachhaltig zu verändern. Plattformen wie Instagram, OnlyFans, Facebook und TikTok ermöglichen Künstler*innen, ihre Werke direkt an Follower*innen und Sammler*innen zu verkaufen, ihre persönliche Marke zu stärken und ein treues Publikum aufzubauen. E-Commerce-Tools wie Instagram Shopping und Facebook Shops machen den Verkaufsprozess nahtlos und effizient, während Plattformen wie Shopify und Etsy zusätzliche Reichweite bieten. Trotz der Herausforderungen wie Marktübersättigung und Preistransparenz bietet die Monetarisierung von Kunst über Social Media eine spannende und zukunftsweisende Möglichkeit für Künstler*innen, ihre Werke global zu vermarkten.

Der digitale Raum hat den traditionellen Kunstbegriff fundamental verändert, indem er neue Wege für die Schaffung, Präsentation und Rezeption von Kunst eröffnet hat. Durch soziale Netzwerke wie Instagram, TikTok und Facebook können Künstler*innen ihre Werke einer globalen und interaktiven Gemeinschaft zugänglich machen. Diese Entwicklung hat nicht nur die Art und Weise, wie Kunstwerke geschaffen werden, sondern auch den kreativen Prozess selbst verändert. Künstler*innen sind nun in der Lage, direkt auf Reaktionen ihrer Follower*innen einzugehen und Kunstwerke in einem dynamischen Dialog weiterzuentwickeln. Der kreative Prozess wird dadurch transparenter, partizipativer und weniger exklusiv. Kunst wird zunehmend als kontinuierlicher Prozess und weniger als festes Endprodukt wahrgenommen.

Die digitale Kunst zeichnet sich durch eine Dualität zwischen Flüchtigkeit und Permanenz aus. Anders als traditionelle Kunstwerke, die physisch und oft zeitlos sind, sind digitale Kunstwerke in sozialen Netzwerken vergänglich und unterliegen der schnellen Fluktuation von Inhalten. Doch die digitale Reproduzierbarkeit ermöglicht es, Kunstwerke potenziell unendlich oft zu verbreiten, was den traditionellen Begriff von Originalität infrage stellt. Der Wert von Kunst im digitalen Zeitalter wird zunehmend durch ihre Reichweite und die Interaktionen, wie Likes und Kommentare, bestimmt, was den traditionellen Bewertungsmaßstab durch Galerien und Kritik ersetzt.

Zudem haben soziale Netzwerke neue Formen der Rezeption und Partizipation in die Kunstwelt eingeführt. Die schnelle Rezeption von Kunstwerken, bei der die Aufmerksamkeitsspanne kürzer ist, steht im Kontrast zu der kontemplativen Auseinandersetzung mit traditionellen Kunstwerken. Doch gerade durch die Interaktivität der Plattformen – etwa durch Live-Streaming oder Challenges – können Follower aktiv in den Schaffensprozess eingebunden werden. Diese Demokratisierung der Kunstwelt erweitert den Zugang und senkt die Teilnahmehürden.

Insgesamt hat die Digitalisierung der Kunstwelt zu einer Transformation des Kunstbegriffs geführt, die neue Möglichkeiten für Künstler*innen und Rezipient*innen eröffnet, aber auch Fragen zur Vergänglichkeit, Originalität und dem Wert von Kunst aufwirft. Der digitale Raum stellt sowohl Herausforderungen als auch Chancen für die Kunstproduktion und -rezeption dar und fordert eine

Neubewertung der traditionellen Kunstkonzepte. In diesem sich stetig verändernden Kontext wird Kunst zunehmend als kollektiver, interaktiver und dynamischer Prozess verstanden, der die Rolle der Kunst in der modernen Gesellschaft neu definiert.

Diskutieren Sie mit!

- Wie verändert die Nutzung sozialer Netzwerke als Plattform für Kunst den traditionellen Kunstbegriff und die Rolle von Galerien und Auktionshäusern?
- Welche Vor- und Nachteile ergeben sich aus der Flüchtigkeit digitaler Kunst auf sozialen Netzwerken im Vergleich zu klassischen, physischen Kunstwerken?
- Inwiefern beeinflusst die Möglichkeit der direkten Interaktion und Partizipation von Follower*innen den kreativen Prozess von Künstler*innen auf Social Media?
- Wie verändert die Reproduzierbarkeit digitaler Kunst in sozialen Netzwerken das Verständnis von Originalität und Wert eines Kunstwerks?
- Welche Rolle spielt die Markenbildung für Künstler*innen auf sozialen Netzwerken, und wie beeinflusst sie den kommerziellen Erfolg und die künstlerische Authentizität?

Produktion von Social-Media-Content und Künstliche Intelligenz

4

Inhaltsverzeichnis

Schlüsselfragen

- Wie verändert der Einsatz von KI-Technologien die Produktion von Social-Media-Inhalten, insbesondere im Bereich der Kunst?
- Inwiefern beeinflussen interne und externe Ressourcen, wie Exponate und Kultur-Influencer*innen, die Kreativität und Qualität von Social-Media-Content?
- Welche narrativen Strategien sind besonders wirkungsvoll, um die Bedürfnisse der Social-Media-Nutzer*innen zu erfüllen und gleichzeitig künstlerische Inhalte ansprechend zu präsentieren?
- Welche ethischen und kreativen Grenzen sollten bei der Nutzung von KI in der Kunstproduktion beachtet werden, um Authentizität und menschliche Kreativität zu bewahren?

Schlüsselkonzepte

- KI-gestützte Inhalte
- Netzwerkökonomie

Im vorherigen Kapitel haben wir die doppelte Funktion von Social Media im Kontext der Kunstpädagogik umfassend untersucht. Dabei haben wir Social Media sowohl als ein Medium der Verbreitung als auch als einen Gegenstand künstlerischer Reflexion und Auseinandersetzung konzeptuell dargelegt. Als Kommunikationsmittel eröffnet Social Media Künstler*innen und Institutionen neue Möglichkeiten, Reichweite zu generieren und interaktive Beziehungen zu ihrem Publikum aufzubauen. Gleichzeitig hat sich Social Media selbst zu einem künstlerischen Material entwickelt, das neue ästhetische Ausdrucksformen wie GIFs, Memes und virale Trends fördert. Auch der Aufstieg der Influencer*innen als kulturelle Figuren reflektiert die wachsende Verschmelzung von digitaler Technologie und Kunstproduktion.

In diesem Kapitel möchten wir uns der konkreten Produktion von Social-Media-Inhalten widmen und dabei insbesondere auf den Einsatz von künstlicher Intelligenz (KI) eingehen. Social-Media-Inhalte werden zunehmend unter Einsatz moderner Technologien wie KI gestaltet, die die Art und Weise, wie Kunstschaffende und Institutionen mit ihren Communities kommunizieren und interagieren, tiefgreifend verändern kann. Dies eröffnet nicht nur neue künstlerische Möglichkeiten, sondern wirft auch Fragen zur Kreativität, Ethik und Authentizität auf.

Zunächst werden wir die Nutzung interner Ressourcen für die Produktion von Social-Media-Inhalten untersuchen. Hierbei geht es um den Einsatz von Exponaten, Film- und Videomaterial sowie Requisiten und Räumlichkeiten, die gezielt für die Erstellung kreativer Inhalte genutzt werden können. Diese Ressourcen spielen eine zentrale Rolle bei der authentischen Vermittlung künstlerischer Botschaften und der Schaffung eines ästhetisch ansprechenden digitalen Auftritts.

Darüber hinaus wenden wir uns den externen Ressourcen zu, die für die Produktion von Social-Media-Inhalten von Bedeutung sind. Eine wichtige Rolle spielen dabei Befragungen der Follower*innen und die Kooperation mit Kultur-Influencer*innen, die durch ihre Reichweite und ihre spezielle Verbindung zu einer breiten digitalen Öffentlichkeit als Vermittler*innen zwischen Kunst und Publikum fungieren können. Ein besonderer Schwerpunkt liegt hierbei auf dem Einsatz von KI-generierten Inhalten, etwa durch die Nutzung von KI-Prompts, die sowohl die Produktion als auch die Gestaltung von Inhalten revolutionieren.

Im weiteren Verlauf des Kapitels werden wir verschiedene Typen und Formate von Social-Media-Posts detailliert besprechen. Dazu gehören Best Practices im Bereich Audio, wie Podcasts und Social Audio, aber auch die Anwendung von KI-Ressourcen zur Erzeugung von Stimmen durch Text-to-Speech-Technologien. Besonders im Videobereich bieten sich durch KI-gestützte Werkzeuge wie Deep Fakes, Stable Diffusion, MidJourney oder Face Swap ganz neue kreative Möglichkeiten. Wir analysieren, wie sich diese Technologien sowohl für Long-Formals auch für Short-Form-Videos nutzen lassen, und welche Rolle Tanzvideos als spezifisches Genre in der Social-Media-Welt spielen.

Ein weiteres zentrales Thema dieses Kapitels ist die narrative Gestaltung von Social-Media-Inhalten. Die Wahl der richtigen narrativen Strategie ist entscheidend, um die Bedürfnisse und Erwartungen der Nutzer*innen zu erfüllen. Hier werden wir untersuchen, wie Geschichten auf Social-Media-Plattformen erzählt werden können und wie diese narrative Gestaltung in Verbindung mit KI-Unterstützung eine neue Dimension erreicht.

Schließlich widmen wir uns der Planung und Kalkulation der Produktion von Social-Media-Inhalten, sowohl ohne als auch mit dem Einsatz von KI. Dabei spielt die Kostenkalkulation eine wesentliche Rolle, ebenso wie die strategische Planung von Inhalten, um sowohl kreative als auch ökonomische Effizienz zu gewährleisten.

Abschließend werden wir eine kritische Auseinandersetzung mit dem Einsatz von KI in der Kunst und insbesondere in der Produktion von Social-Media-Inhalten führen. Fragen nach der Authentizität, den ethischen Implikationen und den Auswirkungen auf traditionelle Kunstpraktiken stehen im Mittelpunkt dieser Überlegungen. KI eröffnet zwar neue künstlerische und kreative Potenziale, doch gleichzeitig stellt sich die Frage, wie weit wir bei der Automatisierung und Digitalisierung von künstlerischen Prozessen gehen sollten, ohne die menschliche Kreativität und Intuition zu verlieren.

4.1 Einsatz von Internen Ressourcen

Für die Produktion von Social-Media-Inhalten ist es von zentraler Bedeutung, die internen Ressourcen einer Institution effektiv zu nutzen. Museen, Theaterhäuser und ähnliche kulturelle Einrichtungen verfügen über eine Vielzahl an Materialien und Inhalten, die auf sozialen Medien in vielfältiger Weise eingesetzt werden können, um ein breites Publikum anzusprechen. Diese internen Ressourcen – Exponate, Film- und Videomaterial, Requisiten und Räumlichkeiten und auch die Künstler*innen und Kurator*innen selber – stellen die Grundlage für eine authentische, kreative und nachhaltige Social-Media-Content-Strategie dar.

Zur besseren Veranschaulichung nehmen wir das fiktive Museum für Erinnerung und Begegnung als Beispiel für eine Institution an, die bedeutende Ereignisse europäischer Geschichte thematisiert – insbesondere die Erfahrungen von Flucht, Vertreibung und Versöhnung. Dieses imaginäre Museum dient als Modell, um Strategien zur Präsentation historischer Exponate auf Social-Media-Plattformen zu diskutieren und das Bewusstsein für historische Themen zu fördern.

Historische Exponate aus diesen Kontexten könnten auf vielfältige Weise inszeniert werden, um das Publikum anzusprechen. Beispielsweise könnten persönliche Gegenstände wie Koffer, Tagebücher oder Kleidungsstücke, die symbolisch für Fluchterfahrungen stehen, auf Plattformen wie Instagram oder Facebook vermittelt werden. Das Bild eines schlichten Koffers könnte mit einem bewegenden Text kombiniert werden, der eine fiktive Geschichte erzählt – etwa die einer Person, die den Koffer während ihrer Flucht mitführte. Solche Beiträge schaffen eine emotionale Verbindung und machen Geschichte auf persönliche Weise zugänglich.

Virtuelle Ausstellungsformate bieten eine zusätzliche Möglichkeit der Inszenierung. Das Museum für Erinnerung und Begegnung könnte fiktive Sammlungsstücke wie historische Karten oder Dokumente in Form von Instagram Reels oder TikTok-Videos teilen, um ein jüngeres Publikum anzusprechen. Diese Formate eignen sich hervorragend zur Vermittlung komplexer historischer Zusammenhänge in kurzen, einprägsamen Clips und könnten gleichzeitig als Teaser für vertiefte Inhalte auf der Website oder in physischen Ausstellungen dienen.

Durch interaktive 360-Grad-Rundgänge könnte die digitale Zugänglichkeit weiter ausgebaut werden. So könnten Nutzer*innen die Ausstellungen des fiktiven Museums von überall aus erleben – eine attraktive Möglichkeit, insbesondere für internationale Besucher*innen oder Menschen mit eingeschränktem Zugang.

Der Fokus auf einzelne Objekte erlaubt es, narrative Tiefe und visuelle Attraktivität zu vereinen. Neben persönlichen Gegenständen könnten auch interaktive Karten und Dokumentationen, die Fluchtbewegungen und historische Konflikte nachzeichnen, als Instagram-Stories oder X-Threads gestaltet werden, um historische Entwicklungen Schritt für Schritt zu vermitteln. Durch Umfragen und Quiz-Formate könnte das Engagement der Nutzer*innen gesteigert und das Verständnis für die geschichtlichen Zusammenhänge vertieft werden.

Ein weiteres Potenzial für Social-Media-Inhalte liegt in der Präsentation fiktiver Oral-History-Projekte. Kurze Audio- oder Video-Ausschnitte könnten persönliche Erlebnisse fiktiver Zeitzeug*innen präsentieren und emotionale Zugänge schaffen. Zahlreiche Museen nutzen erfolgreich Zeitzeugenberichte, um historische Ereignisse für ihr Publikum erfahrbar zu machen. Das Modell des Museums für Erinnerung und Begegnung könnte diese Strategie aufgreifen, um die Dimension persönlicher Geschichten zu betonen und historische Narrative lebendig zu halten.

Exponate spielen eine zentrale Rolle, Geschichte greifbar und lebendig zu machen. Sie gehen über bloße Objekte hinaus und schaffen durch die Verbindung mit individuellen Erlebnissen emotionale Anknüpfungspunkte. Ein fiktives Exponat wie ein Notfallgepäck könnte durch eine kurze, bewegende Beschreibung die Bedeutung für Vertriebene veranschaulichen und die Notlage der Betroffenen erfahrbar machen.

Viele Museen nutzen diese Strategien bereits erfolgreich, um ihre Sammlungen zugänglicher zu gestalten. Das fiktive Museum für Erinnerung und Begegnung steht exemplarisch für Institutionen, die historische Erzählungen durch emotionale Geschichten und digitale Inhalte vermitteln und so die Relevanz der Vergangenheit für die Gegenwart aufzeigen.

Denkt man diese Ideen weiter und verbindet sie, können nicht nur historische Elemente genutzt werden, um ein Erlebnis für eine junge Zielgruppe erlebbar zu machen und die Auseinandersetzung zu fördern. Wie im Kap. 2 und anhand des Falls der virtuellen Künstlerin Lil Miquela beschrieben, könnte eine virtuelle Person mit täglichen Beiträgen in Social Media eine Flucht emotional erzählen. Was wäre, wenn es auf der Flucht 1945 bereits Instagram gegeben hätte?

4.1.1 Film- und Videomaterial

Film- und Videomaterial ist eine besonders wertvolle Ressource für kulturelle Institutionen, um visuell ansprechenden Content zu erstellen. Dies könnte die Aufbereitung von historischen Filmaufnahmen oder Interviews mit Zeitzeug*innen umfassen, die dann auf Plattformen wie YouTube oder Facebook geteilt werden können, um längere Videos oder Dokumentationen einem breiten Publikum zugänglich zu machen.

Ein Beispiel für die Nutzung von Videomaterial sind kurze Dokumentarfilme, die zentrale Themen wie Flucht, Migration oder historische Ereignisse behandeln und die Geschichten der Betroffenen in den Mittelpunkt stellen. Diese Videos können auf sozialen Kanälen geteilt werden, um das Bewusstsein für historische Zusammenhänge zu schärfen. Institutionen wie das United States Holocaust Memorial Museum setzen solche Videoformate erfolgreich ein, um emotionale Geschichten zu erzählen und Bildungsinhalte zu vermitteln.

Auch Instagram Stories oder YouTube Shorts bieten die Möglichkeit, historische Inhalte in prägnanter Form zu präsentieren. Kurze Clips aus Interviews, Ausschnitte von Veranstaltungen oder Diskussionen bieten dem Publikum die Gelegenheit, einen direkten Einblick zu bekommen und sich intensiver mit der Vergangenheit auseinanderzusetzen.

Ein weiterer kreativer Ansatz wäre die Produktion von Animationsfilmen basierend auf historischen Quellen oder Zeitzeugenberichten. Diese könnten in kurzen Episoden veröffentlicht werden, um komplexe historische Themen verständlich, visuell attraktiv und zielgruppengerecht zu vermitteln. Besonders jüngere Zielgruppen können so erreicht und für schwierige Themen sensibilisiert werden.

Neben der Präsentation von Exponaten ist die Nutzung von Film- und Videomaterial ein besonders effektiver Weg, um die Aufmerksamkeit des Publikums zu gewinnen. Institutionen wie das Jüdische Museum Berlin oder das Rijksmuseum in Amsterdam teilen regelmäßig historische Dokumentationen und Videointerviews, um die Reichweite ihrer Bildungsinhalte zu erhöhen.

Auch interaktive Videoreihen, die historische Ereignisse chronologisch erzählen oder thematisch durch Ausstellungen führen, können Zuschauer*innen ermöglichen, sich schrittweise mit einem Thema zu beschäftigen. So könnten bedeutende Momente anhand einzelner Objekte oder Interviews in kurzen Episoden erzählt werden, was das Publikum dazu einlädt, sich emotional und intellektuell zu vertiefen.

Ein weiteres effektives Format sind Live-Streams von Veranstaltungen, Vorträgen oder Diskussionen, die über Plattformen wie YouTube oder Facebook einem globalen Publikum zugänglich gemacht werden können. Museen und Institutionen nutzen Live-Formate, um Menschen die Möglichkeit zu geben, an Veranstaltungen teilzunehmen, die sie sonst nicht besuchen können. Diese Formate bieten oft auch die Chance für Live-Q&A-Sitzungen, bei denen das Publikum direkt Fragen stellen kann.

Ein gutes Beispiel für die innovative Nutzung von Film- und Videomaterial bieten auch die Berliner Philharmoniker mit ihrer Digital Concert Hall. Eine digitale Bibliothek mit Vorträgen und Veranstaltungen könnte langfristig als wertvolle Ressource für Bildungszwecke dienen und regelmäßig auf Social Media geteilt werden.

4.1.2 Requisiten

Requisiten sind ein vielseitiges und wirkungsvolles Werkzeug für kulturelle Institutionen, um sowohl historische als auch symbolische Erzählungen zu vermitteln. Obwohl sie keine authentischen Exponate sind, bieten sie durch ihre narrative und visuelle Kraft eine große Bandbreite an Möglichkeiten, um Geschichte und Kultur auf innovative Weise zu präsentieren. Durch den Einsatz von Requisiten

auf Social-Media-Plattformen, in interaktiven Formaten und in der Bildungsarbeit können kulturelle Einrichtungen eine starke emotionale Verbindung zu
ihrem Publikum herstellen, es in historische Themen einbinden und komplexe
Geschichten auf eine zugängliche, kreative Weise erzählen.

4.1.2.1 Requisiten als narrative Werkzeuge in der digitalen Kommunikation

Für Institutionen mit umfangreichen Requisitensammlungen eröffnen soziale
Medien vielfältige kreative Möglichkeiten, diese wertvollen Bestände wirkungsvoll zu präsentieren. Requisiten lassen sich in kurzen, symbolträchtigen Videos
oder Bilderstrecken einsetzen, um Geschichten lebendig werden zu lassen und
beim Publikum emotionale Reaktionen hervorzurufen. Soziale Plattformen bieten
eine einzigartige Gelegenheit, Requisiten nicht nur als visuelle Objekte zu zeigen, sondern sie als Erzählmittel zu nutzen, die tiefere narrative und kulturelle
Bedeutungen transportieren.

Ein historisches Kostüm, ein nachgebildeter Haushaltsgegenstand oder ein
Bühnenrequisit können in einer visuellen Erzählung eingesetzt werden, die das
Publikum auf einer persönlichen und emotionalen Ebene anspricht. Beispielsweise kann ein einfaches historisches Kostüm auf Instagram oder TikTok in
einer Serie von Beiträgen verwendet werden, um eine fiktive oder reale historische Figur zum Leben zu erwecken. Begleitende Erklärungen oder kurze
Geschichten geben dem Publikum Einblick in die symbolische Bedeutung des
Gegenstands – etwa als Ausdruck einer bestimmten Epoche, sozialen Schicht
oder Lebenssituation. So werden komplexe historische und kulturelle Themen
anschaulich, greifbar und nachvollziehbar gemacht.

Darüber hinaus muss die Inszenierung nicht allein auf das Endergebnis fokussiert sein. Die Dokumentation der Entstehung, Aufbereitung oder Herstellung
von Kostümen, Requisiten und Bühnenbildern bietet spannende Einblicke hinter
die Kulissen. Solche Inhalte funktionieren hervorragend als narrativer Ausgangs-
punkt, um eine emotionale Bindung zwischen Publikum und Produktion oder
Ausstellung aufzubauen. Indem Institutionen den kreativen Prozess transparent
machen, erhöhen sie die Identifikation mit ihren Projekten und fördern das
Interesse und Engagement ihrer Community.

Insgesamt ermöglichen soziale Medien Institutionen, ihre Requisitensammlungen lebendig und zeitgemäß zu vermitteln, Geschichten auf mehreren Ebenen
zu erzählen und so historische und kulturelle Inhalte für ein breites Publikum
spannend und zugänglich zu machen.

4.1.2.2 Requisiten und interaktive Formate

Die wachsende Bedeutung interaktiver Formate auf sozialen Medien eröffnet kulturellen Institutionen ganz neue Chancen, Requisiten kreativ und wirkungsvoll einzusetzen. Plattformen wie TikTok und Instagram Stories sind prädestiniert für dynamische und kurzweilige Inhalte, die eine besonders hohe Aufmerksamkeit erzielen. Besonders Reenactments – also Nachstellungen historischer Szenen oder alltäglicher Situationen – gewinnen hier an Bedeutung. Dabei fungieren Requisiten als essenzielle Bestandteile, die zur Glaubwürdigkeit und Intensität der Darstellung beitragen und das Publikum stärker in die vermittelte Atmosphäre eintauchen lassen.

Diese Nachstellungen können sowohl konkrete historische Ereignisse anschaulich machen als auch abstrakte oder gesellschaftliche Themen wie Identität, Migration, soziale Zusammengehörigkeit oder Konflikte über symbolische Gegenstände vermitteln. Die Einbindung von Requisiten ermöglicht es, Inhalte vielschichtiger und greifbarer darzustellen und so komplexe Sachverhalte auf emotional zugängliche Weise zu transportieren.

Ein besonders wirkungsvolles Format sind Inszenierungen, bei denen Schauspieler*innen, Historiker*innen oder sogar Community-Mitglieder aktiv mitwirken, um vergangene Ereignisse lebendig werden zu lassen. Die Stärke sozialer Medien liegt dabei in der direkten Interaktion mit dem Publikum: Über Funktionen wie Umfragen, Kommentare oder Live-Fragen können Zuschauer*innen aktiv in den Verlauf der Inszenierung eingebunden werden. So können sie beispielsweise mitentscheiden, wie eine Szene weitergeht, welche Perspektiven vertieft werden oder welche Requisiten näher erläutert werden sollen. Dieser partizipative Ansatz steigert nicht nur das Engagement, sondern fördert auch ein vertieftes Verständnis durch spielerisches Lernen.

Darüber hinaus bieten solche interaktiven Formate die Möglichkeit, vielfältige Zielgruppen zu erreichen – von jungen Menschen, die sich auf Social Media zuhause fühlen, bis hin zu historisch Interessierten, die eine alternative und lebendige Zugangsweise zu kulturellem Wissen suchen. Durch den Einsatz von Requisiten in Kombination mit interaktiven Mitteln entsteht eine multisensorische Erfahrung, die die Wirkung von traditionellen Ausstellungen oder Vorträgen deutlich ergänzen kann.

Insgesamt erweitern interaktive Social-Media-Formate die Möglichkeiten für kulturelle Einrichtungen, Requisiten nicht nur als statische Objekte, sondern als lebendige Elemente in Geschichten und Lernprozesse einzubinden. Sie fördern damit die aktive Teilnahme des Publikums, schaffen emotionalen Bezug und machen historische und gesellschaftliche Inhalte zeitgemäß erlebbar.

4.1.2.3 Requisiten und emotionale Erzählungen

Eine der größten Stärken von Requisiten liegt in ihrer Fähigkeit, symbolische und emotionale Erzählungen zu ermöglichen. Indem kulturelle Institutionen Requisiten auf Social Media verwenden, können sie bedeutungsvolle Geschichten erzählen, die weit über die physischen Eigenschaften der Objekte hinausgehen. Kleine Alltagsgegenstände, wie ein Teller, ein Buch oder ein Kinderspielzeug, könnten als Symbole für größere Themen wie Heimatverlust, Migration oder kulturelle Identität stehen. Durch diese Symbolik wird eine tiefe emotionale Verbindung zum Publikum geschaffen, da die Requisiten als Mittler für persönliche und kollektive Geschichten fungieren.

Ein mögliches Szenario wäre eine Fotostrecke oder Videoreihe, die auf Instagram veröffentlicht wird und sich auf persönliche Requisiten fokussiert, die im Laufe der Geschichte eine besondere Bedeutung erlangten. Ein einfacher Gegenstand, den Menschen in schwierigen Zeiten mit sich führten, könnte beispielsweise verwendet werden, um Themen wie Überleben, Erinnerung und Verlust zu thematisieren. Solche Beiträge sprechen die emotionale Seite des Publikums an und machen abstrakte historische Ereignisse greifbarer.

4.1.2.4 Bildungs- und Vermittlungsarbeit mit Requisiten

Requisiten bieten auch eine hervorragende Grundlage für Bildungsarbeit. Institutionen könnten auf Plattformen wie YouTube oder Facebook längere Videos erstellen, in denen Historiker*innen oder Kurator*innen die Bedeutung bestimmter Requisiten erklären und in ihren historischen Kontext einordnen. Diese Videos könnten Teil von umfassenderen Bildungsprogrammen sein, die auf die Vermittlung von Geschichte und Kultur abzielen.

Ein weiteres Beispiel für den Einsatz von Requisiten in der Bildungsarbeit könnte die Schaffung von digitalen Archiven sein, in denen detaillierte Informationen zu Requisiten zur Verfügung stehen. Diese könnten interaktive Elemente wie 360-Grad-Ansichten oder Augmented Reality (AR)-Erlebnisse beinhalten, die es dem Publikum ermöglichen, die Requisiten virtuell zu erkunden und ihre Bedeutung besser zu verstehen. Besonders in Zeiten, in denen physische Museumsbesuche eingeschränkt sind, bieten solche digitalen Formate eine wertvolle Ergänzung, um das Interesse und die Neugier der Besucher*innen zu wecken.

4.1.3 Räumlichkeiten

Die architektonische Gestaltung und Räumlichkeiten kultureller Institutionen bieten nicht nur eine funktionale Umgebung für Ausstellungen und Veranstaltungen, sondern sind auch ein kraftvolles ästhetisches Mittel, das sich hervorragend für die digitale Inszenierung eignet. Kulturelle Einrichtungen können durch die bewusste Einbindung ihrer räumlichen Strukturen und gestalterischen Elemente in ihre Social-Media-Strategien eine emotionale Verbindung zu ihrem Publikum schaffen und gleichzeitig ihre einzigartige Atmosphäre vermitteln.

4.1.3.1 Die Rolle von Architektur in der digitalen Kommunikation

Räume, insbesondere in Museen oder Gedenkstätten, erzählen eine eigene Geschichte. Sie prägen nicht nur das Erlebnis der Besucher*innen vor Ort, sondern können auch in digitalen Formaten – wie Instagram, Pinterest oder YouTube – genutzt werden, um die visuelle Identität der Institution zu stärken.

Institutionen wie Theaterhäuser und Museen, die über bedeutende architektonische Details oder ikonische Gebäudeteile verfügen, können diese räumlichen Eigenschaften gezielt einsetzen, um visuell ansprechenden Content zu erstellen. Besonders eindrucksvolle Ausstellungsräume oder markante architektonische Merkmale, wie monumentale Treppenhäuser, Lichtinstallationen oder historische Gebäudeelemente, lassen sich hervorragend in Fotos oder kurzen Videos präsentieren. Auf Plattformen wie Instagram können solche Motive ästhetisch inszeniert werden, um die Einzigartigkeit der Räume und die Atmosphäre der Institution widerzuspiegeln.

Ein hervorragendes Beispiel dafür ist die Nutzung von Architekturfotografie durch Institutionen wie die Berlinische Galerie, die regelmäßig architektonische Elemente ihres Gebäudes in Fotobeiträgen auf Instagram hervorhebt. Solche Beiträge schaffen nicht nur eine visuelle Verbindung, sondern laden das Publikum dazu ein, die Institution als einen ästhetischen Ort wahrzunehmen. Andere kulturelle Institutionen, wie das Museum für Naturkunde in Berlin oder die Stiftung Flucht Vertreibung Versöhnung, setzen ebenfalls auf die Einbindung architektonischer Besonderheiten in ihre Social-Media-Kampagnen, um die kulturelle und historische Bedeutung des Ortes zu unterstreichen.

4.1.3.2 „Behind-the-Scenes"-Touren und virtuelle Einblicke

Ein besonders wirkungsvolles Format, um das Interesse der Follower*innen zu wecken und eine persönliche Verbindung zur Institution aufzubauen, sind „Behind-the-Scenes"-Touren. Diese Einblicke hinter die Kulissen ermöglichen es dem digitalen Publikum, die oft unsichtbaren Prozesse zu erleben, die zur Entstehung einer Ausstellung oder eines Theaterstücks beitragen. Ein Video, das den Aufbau einer Ausstellung dokumentiert, zeigt nicht nur die Arbeit der Kurator*innen und Techniker*innen, sondern vermittelt auch die Wertschätzung für die sorgfältige Vorbereitung und die Bedeutung der Ausstellungsräume.

Durch kurze Episoden, die den gesamten Prozess von der Anlieferung der Exponate bis zur Eröffnung begleiten, können Museen und Theater eine kontinuierliche Spannung aufbauen und ihr Publikum auf die Ausstellung einstimmen. Solche Dokumentationen könnten in Form von Instagram-Stories, TikTok oder YouTube-Clips präsentiert werden und erlauben es den Zuschauer*innen, sich aktiv am Entstehungsprozess beteiligen. Theaterhäuser wie das Royal Opera House in London, die Neuköllner Oper in Berlin und das Schauspielhaus Zürich haben dieses Format erfolgreich etabliert, indem sie Proben und Backstage-Videos teilen und so das Interesse und die Vorfreude des Publikums steigern.

4.1.3.3 Nutzung der Architektur für Live-Streams und virtuelle Touren

Mit der zunehmenden Digitalisierung kultureller Angebote eröffnen Live-Streams und virtuelle Touren eine neue Dimension für die Nutzung von Räumlichkeiten. Institutionen könnten ihre architektonischen und gestalterischen Elemente in Echtzeit präsentieren, indem sie Live-Führungen oder virtuelle Rundgänge durch ihre Ausstellungsräume anbieten. Solche Formate könnten in Zusammenarbeit mit Influencer*innen oder Kulturjournalist*innen organisiert werden, um eine breitere Zielgruppe zu erreichen und die räumliche Atmosphäre der Institution in den digitalen Raum zu übertragen.

4.1.3.4 Die Inszenierung der Architektur in der visuellen Kommunikation

Die Architektur von Museen und Theaterhäusern bietet nicht nur ästhetische Reize, sondern ist oft auch ein integraler Bestandteil des Erlebnisses der Besucher*innen. Institutionen können diesen visuellen Reichtum nutzen, um in ihrer digitalen Kommunikation eine besondere Atmosphäre zu schaffen. Historische Gebäudeteile oder moderne architektonische Meisterwerke, die Teil der Ausstellungs- oder Veranstaltungsräume sind, könnten als ikonische Hintergründe für visuell starke Botschaften verwendet werden. So schaffen Institutionen nicht nur ein Gefühl von Präsenz, sondern auch eine tiefere emotionale Bindung zwischen dem physischen Ort und dem digitalen Publikum.

Ähnliche Strategien werden von Gedenkstätten wie der Berliner Mauer oder dem Holocaust-Denkmal in Berlin angewandt, die regelmäßig Bilder ihrer ikonischen Orte nutzen, um visuell emotionale Botschaften zu vermitteln. Solche räumlichen Inszenierungen transportieren die historische Bedeutung des Ortes und berühren das Publikum auf einer persönlichen Ebene. Andere Institutionen könnten diese Herangehensweise übernehmen, indem sie ihre räumlichen Besonderheiten und die damit verbundene Geschichte gezielt in ihre Social-Media-Strategie integrieren.

4.1.3.5 Die Rolle der Räumlichkeiten als emotionale und informative Schnittstelle

Die strategische Nutzung der Architektur und Räumlichkeiten geht jedoch über die bloße visuelle Darstellung hinaus. Sie kann auch eine emotionale Schnittstelle schaffen, durch die das Publikum eine tiefere Verbindung zu den Inhalten der Institution aufbaut. In Museen oder Theatern, die historische Themen behandeln, kann die Architektur symbolisch für das kulturelle Erbe oder die Geschichte des Ortes stehen. Dies kann durch gezielte Fotografien oder Videos verstärkt werden, die den architektonischen Kontext hervorheben und das Publikum dazu anregen, den Raum als Teil der historischen Erzählung zu begreifen.

Darüber hinaus könnten Räume als ästhetische Bühnen für kulturelle Veranstaltungen oder digitale Events dienen. Denkbar wäre etwa, die Ausstellungsräume oder Bühnen eines Theaters als Schauplatz für Online-Diskussionen oder Vorträge zu nutzen, die live gestreamt werden. Diese Veranstaltungen könnten visuell ansprechend inszeniert werden und durch die Einbindung der einzigartigen Architektur eine besondere Atmosphäre schaffen. So können Institutionen ihre Räume nicht nur für das physische Publikum öffnen, sondern auch einem digitalen Publikum weltweit zugänglich machen.

Die Architektur und Räumlichkeiten kultureller Institutionen bieten weit mehr als nur eine funktionale Kulisse – sie sind integraler Bestandteil der kulturellen Erfahrung. Durch die strategische Nutzung dieser räumlichen Elemente in der digitalen Kommunikation können Museen, Theater und Gedenkstätten nicht nur visuell ansprechende Inhalte produzieren, sondern auch eine emotionale und informative Verbindung zu ihrem Publikum aufbauen. Von „Behind-the-Scenes"-Touren über virtuelle Führungen bis hin zur Inszenierung architektonischer Details bieten die Räumlichkeiten ein enormes Potenzial, um die Reichweite und das Engagement auf Social Media zu steigern und gleichzeitig die einzigartige Atmosphäre der Institution zu vermitteln.

4.2 Einsatz von externen Ressourcen

Die Kunst- und Kulturvermittlung befindet sich in einem stetigen Wandel, der durch das digitale Zeitalter zunehmend beschleunigt wird. Kulturelle Institutionen setzen heute verstärkt auf innovative Ansätze, um ihre Reichweite zu vergrößern und ihre Zielgruppen intensiver einzubinden. Neben klassischen Vermittlungsformen gewinnen externe Ressourcen wie Follower*innenbefragungen, Kultur-Influencer*innen und KI-basierte Tools zunehmend an Bedeutung.

Durch die gezielte Nutzung von Follower*innenbefragungen erhalten Institutionen wertvolle Einblicke in die Interessen, Wünsche und Erwartungen ihres Publikums. Diese direkten Rückmeldungen ermöglichen es, Angebote passgenau zu gestalten und den Dialog mit den Besucher*innen aktiv zu fördern. Gleichzeitig spielen Kultur-Influencer*innen eine wichtige Rolle als Vermittler*innen, die durch ihre Reichweite und Authentizität neue Zielgruppen ansprechen und Kunst- sowie Kulturinhalte auf spannende und zugängliche Weise präsentieren.

Darüber hinaus eröffnen KI-Prompts und andere digitale Technologien neue Wege für die kreative Gestaltung und Kommunikation. Künstliche Intelligenz kann dabei helfen, Inhalte zu personalisieren, innovative Formate zu entwickeln oder den Zugang zu kulturellen Angeboten zu erleichtern. So können kulturelle Einrichtungen nicht nur effizienter auf die Bedürfnisse ihrer Communities eingehen, sondern auch den digitalen Wandel aktiv mitgestalten und für sich nutzen.

Insgesamt ermöglichen diese vielfältigen Methoden eine zeitgemäße Kunst- und Kulturvermittlung, die stärker auf Interaktion, Partizipation und Individualisierung setzt. Kulturelle Institutionen können dadurch nicht nur ihre Sichtbarkeit erhöhen, sondern auch nachhaltige Beziehungen zu ihren Zielgruppen aufbauen und eine lebendige, inklusive Kulturlandschaft fördern.

4.2.1 Follower*innenbefragungen: Methode und Praxis

Follower*innenbefragungen sind eine zentrale Methode, um tiefere Einblicke in die Erwartungen, Interessen und Präferenzen des Publikums zu gewinnen. Soziale Medien ermöglichen hierbei sowohl quantitative Erhebungen durch strukturierte Umfragen als auch qualitative Einblicke durch offene Fragen, Kommentare und direkte Dialoge. Diese vielfältigen Rückmeldungen liefern wertvolle Daten, die kulturellen Institutionen dabei helfen, ihre Inhalte und Angebote gezielt an den Bedürfnissen ihrer Zielgruppen auszurichten.

Durch die Analyse dieser Befragungen können Strategien entwickelt werden, die sowohl inhaltlich als auch kommunikativ passgenau sind. So lassen sich etwa Themen identifizieren, die besonders großes Interesse wecken, oder Formate erkennen, die besonders gut angenommen werden. Ebenso können potenzielle Barrieren oder Unklarheiten im Zugang zu kulturellen Angeboten frühzeitig erkannt und adressiert werden.

Darüber hinaus fördern Follower*innenbefragungen eine stärkere Partizipation der Community, indem sie das Publikum aktiv in den Gestaltungsprozess einbeziehen. Dies steigert nicht nur die Bindung und das Engagement der Nutzer*innen, sondern erhöht auch die Relevanz und Nachhaltigkeit der Angebote. In der Summe sind Follower*innenbefragungen somit ein effektives Instrument, um den digitalen Wandel in der Kunst- und Kulturvermittlung strategisch zu begleiten und die Interaktion zwischen Institutionen und Publikum auf eine neue Ebene zu heben.

Methodik der Follower*innenbefragungen Eine erfolgreiche Follower*innenbefragung folgt einem strukturierten Ansatz, der mehrere Schritte umfasst

1. **Zieldefinition:** Am Anfang jeder Befragung steht die klare Definition der zu gewinnenden Informationen. Beispielsweise könnte eine Institution die Präferenzen ihrer Follower*innen hinsichtlich neuer digitaler Formate wie virtueller Führungen oder zur Relevanz bestimmter Ausstellungen erheben.
2. **Befragungsdesign:** Die Fragen sollten auf die Zielgruppe zugeschnitten und klar formuliert sein. Eine Kombination aus geschlossenen (Multiple-Choice) und offenen Fragen gewährleistet eine umfassende Datenerhebung.
3. **Durchführung:** Um eine hohe Teilnahme zu erreichen, werden die Umfragen direkt über soziale Medien wie Instagram, X oder Facebook durchgeführt. Diese Plattformen bieten benutzerfreundliche Tools, die eine einfache Teilnahme ermöglichen. Ein ansprechendes, übersichtliches Design fördert die Interaktion.
4. **Analyse und Auswertung:** Nach Abschluss der Umfrage werden die gesammelten Daten quantitativ und qualitativ analysiert. Dies hilft dabei, Trends und Muster im Nutzerverhalten zu identifizieren und darauf basierend strategische Maßnahmen abzuleiten.
5. **Rückkopplung an die Community:** Ein entscheidender Schritt ist die Kommunikation der Ergebnisse an die Follower*innen. Durch die Veröffentlichung der Resultate und deren Umsetzung in konkrete Maßnahmen, wie z. B. neue digitale Angebote, wird das Vertrauen in die Institution gestärkt und die Bindung zum Publikum vertieft.

4.2.2   Kultur-Influencer*innen: Potenzial und Herausforderungen

Kultur-Influencer*innen haben sich in den letzten Jahren als wichtige Akteur*innen in der digitalen Kunstvermittlung etabliert. Sie tragen dazu bei, Kunst und Kultur einem breiteren und oft jüngeren Publikum näherzubringen. Durch ihre personalisierten und emotionalen Ansätze machen sie komplexe Inhalte auf eine zugängliche und ansprechende Weise verständlich.

4.2.2.1   Potenzial von Kultur-Influencer*innen

Dank ihrer großen Reichweite auf Plattformen wie Instagram, YouTube oder TikTok können Kultur-Influencer*innen Zielgruppen ansprechen, die traditionell weniger Berührungspunkte mit Kunstinstitutionen haben. Ein herausragendes Beispiel hierfür ist die Zusammenarbeit des Rijksmuseums in Amsterdam mit Influencer*innen zur Bewerbung der Ausstellung *Rembrandt – The Late Works*. Durch kreative Beiträge und visuelle Erzählungen auf Social Media wurde der Zugang zu Rembrandts Spätwerken emotionalisiert, wodurch die Ausstellung ein jüngeres Publikum ansprach, das sich sonst vielleicht weniger für klassische Kunst interessiert hätte (vgl. Rijksmuseum, n.d.).

4.2.2.2   Herausforderungen der Zusammenarbeit

Trotz der Vorteile gibt es auch Herausforderungen in der Zusammenarbeit mit Kultur-Influencer*innen. Die größte Schwierigkeit besteht darin, authentische und sinnvolle Partnerschaften aufzubauen, die die Integrität der Kunstvermittlung bewahren. Viele Influencer*innen haben kommerzielle Interessen, die mit den Werten von Kunstinstitutionen kollidieren können. Zudem verfügen nicht alle Influencer*innen über tiefes kulturelles Wissen, was das Risiko birgt, dass Inhalte oberflächlich oder ungenau vermittelt werden.

Nicht immer müssen Kultur-Influencer*innen mit großer Reichweite gesucht werden. Mitarbeiter*innen können mit Engagement diese Rollen einnehmen, um Inhalte für die sozialen Medien aufzubereiten und zu vermitteln. Sie erfüllen damit formal zwar nicht Anforderungen an die Reichweite, jedoch punkten sie mit der Vermittlung komplexer Inhalte an spezifische Zielgruppen. Ein Beispiel für eine positive Umsetzung zeigt das Europäische Hansemuseum, bei dem historische Themen in kurzen Social Media kompatiblen Formaten vermittelt werden (vgl. Europäisches Hansemuseum, 2025).

4.2.2.3 Künstliche Intelligenz (KI)-Prompts: Kreative Zukunft der Kunstvermittlung

Der Einsatz von Künstlicher Intelligenz (KI) in der Kunstvermittlung steht noch am Anfang, bietet jedoch großes Potenzial für innovative Kommunikationsstrategien. KI-Prompts können dazu beitragen, personalisierte und interaktive Erlebnisse zu schaffen, die das Publikum stärker einbinden und neue Wege der Kunstrezeption ermöglichen.

Ein bekanntes Beispiel für den kreativen Einsatz von KI ist das Projekt The Next Rembrandt, bei dem eine KI ein neues Gemälde im Stil Rembrandts erschaffen hat. Obwohl das Projekt primär ein Experiment zur Veranschaulichung der Fähigkeiten von KI war, zeigt es das Potenzial, den kreativen Prozess zu beeinflussen und neuartige Inhalte zu generieren, die das Publikum auf innovative Weise ansprechen (vgl. The Next Rembrandt Project, n.d.).

In der alltäglichen Kunstvermittlung könnte KI genutzt werden, um personalisierte Museumsrundgänge zu erstellen. Ein solches KI-System könnte den Besucher*innen Kunstwerke basierend auf ihren persönlichen Präferenzen vorschlagen, was das Museumserlebnis individualisieren und intensivieren würde.

Ein weiteres Beispiel ist der Einsatz von KI in kreativen Schreibworkshops, bei denen die KI den Teilnehmenden Schreibanreize zu Kunstwerken liefert. Dies eröffnet neue Möglichkeiten in der Kunstvermittlung, indem es den kreativen Ausdruck und die Reflexion über Kunst fördert.

4.2.2.4 Nachhaltige Auswirkungen und Zukunftsperspektiven

Der nachhaltige Einsatz von Ressourcen wie Follower*innenbefragungen, Kultur-Influencer*innen und KI-Prompts wird die Kunst- und Kulturvermittlung langfristig verändern. Diese Methoden bieten inklusivere und interaktivere Zugänge zu Kunst und Kultur und tragen dazu bei, ein breiteres Publikum anzusprechen. Gleichzeitig fördern sie den Dialog zwischen Institutionen und der Gesellschaft und ermöglichen dadurch ein stärkeres und nachhaltigeres Engagement.

Langfristig werden Institutionen flexibler und anpassungsfähiger auf gesellschaftliche Veränderungen reagieren können, indem sie kontinuierlich Feedback einholen und neue Technologien nutzen. Der Fortschritt in der KI-Entwicklung wird voraussichtlich dazu führen, dass Kultureinrichtungen noch kreativere und individuellere Angebote schaffen, die das Museumserlebnis revolutionieren und die digitale Barrierefreiheit erhöhen.

Die Zukunft der Kunstvermittlung wird zunehmend durch digitale Innovationen geprägt sein. Institutionen wie das Guggenheim Museum, die Tate Modern und das Rijksmuseum haben bereits gezeigt, wie externe Ressourcen effektiv genutzt werden können, um das Publikum zu binden und Kunst und Kultur einem globalen, diversifizierten Publikum zugänglich zu machen.

4.3   Typen und Formate von Posts

Die Nutzung von Posts in verschiedenen Formaten – sei es in Form von Text, Audio oder Video – hat die Art und Weise, wie Menschen online kommunizieren, revolutioniert. Jedes Format bringt seine eigenen Stärken mit und ist je nach Zielgruppe und Plattform unterschiedlich erfolgreich. Mit dem Aufkommen von Künstlicher Intelligenz (KI) eröffnen sich neue kreative Möglichkeiten, die sowohl in künstlerischen als auch in Bildungsbereichen genutzt werden können. In diesem Abschnitt werden die verschiedenen Typen und Formate von Posts detailliert erläutert, einschließlich ihrer technologischen Grundlagen und Best Practices.

4.3.1   Best Practices Audio

Audioinhalte, die über Podcasts, Social Audio und ähnliche Formate verbreitet werden, bieten eine unmittelbare und persönliche Verbindung zum Publikum. Sie haben sich als fesselnde Medienformate etabliert, besonders durch den Trend zu Multitasking in der modernen Gesellschaft.

Wichtige Aspekte für erfolgreiche Audioproduktionen

1. **Zielgruppenorientierung**: Erfolgreiche Audioproduktionen müssen sich klar an den Bedürfnissen der Zielgruppe orientieren, indem sie relevante Themen aufgreifen und in einem ansprechenden Format präsentieren.
2. **Hochwertige Audioqualität**: Besonders im Zeitalter digitaler Tools ist die Tonqualität entscheidend. Ein professionelles Setup mit Mikrofon und Audiobearbeitungstools wie **Adobe Audition** oder **GarageBand** wird empfohlen.
3. **Konsistente Veröffentlichung**: Regelmäßigkeit sorgt für kontinuierliches Engagement. Viele erfolgreiche Podcasts folgen einem wöchentlichen oder zweiwöchentlichen Veröffentlichungsrhythmus.

4.3.1.1 Podcasts

Podcasts sind eines der vielseitigsten Audioformate, die es ermöglichen, tiefe Einblicke in komplexe Themen zu geben, die von Popkultur über Kunst bis hin zu Bildung reichen. Sie bieten Flexibilität und Erreichbarkeit, da sie jederzeit und überall konsumiert werden können.

Beispiele

- „**The Art History Babes**": Dieser Podcast widmet sich der Kunstgeschichte und präsentiert komplexe Inhalte auf eine leicht zugängliche Weise, was ihn besonders für Bildungszwecke interessant macht.
- „**TED Radio Hour**": Basiert auf den weltbekannten TED Talks und bietet längere Diskussionen zu wichtigen gesellschaftlichen Themen.
- „**Geschichten aus der Geschichte**" ist eine erfolgreiche Podcast-Reihe von den Historikern Richard Hemmer und Daniel Meßmer, die historische Ereignisse aufbereitet.◄

Best Practices

- **Strukturierte Inhalte**: Ein klarer Ablauf mit Einleitung, Hauptteil und Abschluss erleichtert es den Hörern, dem Gespräch zu folgen und sorgt für ein angenehmes Hörerlebnis.
- **Engagement durch Interaktivität**: Viele Podcasts binden ihre Hörer durch Social Media oder Hörerfragen aktiv ein, was die Bindung und das Engagement fördert.◄

4.3.1.2 Social Audio

Social Audio, bei dem Menschen in Echtzeit über Audio-Formate miteinander kommunizieren, hat in den letzten Jahren an Popularität gewonnen. Plattformen wie Clubhouse und X Spaces ermöglichen es Nutzer*innen, Diskussionen live zu verfolgen und daran teilzunehmen.

Beispiele

- **Clubhouse**: Diese Plattform ermöglichte Echtzeitdiskussionen und gewann während der Pandemie große Aufmerksamkeit, bevor sie durch X Spaces und andere Anbieter Konkurrenz bekam.
- **X Spaces**: Die Integration von Audio-Räumen direkt in X hat die Interaktivität der Plattform erhöht. Sie bietet eine nahtlose Möglichkeit, das

Publikum durch Diskussionen zu erreichen, die direkt in den Twitter-Feed integriert sind.◄

4.3.1.3 KI-Ressourcen im Audiobereich

KI hat die Art und Weise, wie Audioinhalte erstellt und verarbeitet werden, grundlegend verändert. Von der Sprachsynthese bis hin zu Tools für die Bearbeitung haben KI-gestützte Plattformen einen Großteil der manuellen Arbeit automatisiert und bieten damit erhebliche Zeiterparnisse.

Beispiele für KI-basierte Tools im Audiobereich

- **Sonantic**: Eine Plattform zur Erstellung realistischer KI-Stimmen. Diese Technologie wurde u. a. in der Filmindustrie eingesetzt, um die Stimme des Schauspielers Val Kilmer zu rekonstruieren, nachdem er aufgrund einer Kehlkopfoperation seine natürliche Stimme verloren hatte.
- **Descript**: Ein Podcast- und Video-Editing-Tool, das eine automatische Transkription und KI-gestützte Bearbeitung ermöglicht (vgl. Descript, 2023).
- **Melobyte** ist eine Onlineplattform welche KI-Tools in den Bereichen Musikkomposition, Bild- und Videomanipulation- und produktion sowie Sprachsynthese anbietet.

4.3.1.4 Text-to-Speech (TTS)

Text-to-Speech-Technologien haben durch den Einsatz von Deep Learning signifikante Fortschritte gemacht. Diese Systeme ermöglichen die automatische Umwandlung von Texten in gesprochene Sprache und werden in verschiedenen Bereichen wie Bildung, Barrierefreiheit und Unterhaltung genutzt.

Bekannte Anwendungen

- **Google Text-to-Speech** und **Amazon Polly** sind führende TTS-Dienste, die natürlich klingende Stimmen in verschiedenen Sprachen unterstützen.
- **Natural Reader**: Eine Software, die häufig von Menschen mit Sehbehinderungen genutzt wird, um digitale Inhalte vorzulesen.◄

4.3.1.5 Text-to-Video

Text-to-Video-Technologien, die es ermöglichen, aus Textbeschreibungen automatisch Videoinhalte zu generieren, haben großes Potenzial im Bereich der

Online-Bildung und des Marketings. Diese Technologien nutzen oft KI-Avatare oder animierte Inhalte, um Botschaften visuell ansprechend zu vermitteln.

Beispiel

- **Synthesia**: Diese Plattform erstellt KI-gestützte Videos, die oft für E-Learning, Marketing oder Produktvorstellungen genutzt werden. Sie ermöglicht es, durch Text beschriebene Szenen in realistische Videos zu übersetzen).◄

4.3.2   Best Practices Video

Videoformate sind eines der dominierenden Kommunikationsmittel auf Social Media. Unterschiedliche Plattformen und Zielgruppen verlangen nach verschiedenen Formaten, von langen, detaillierten Videos bis hin zu kurzen, knackigen Clips.

4.3.2.1 Long Form Videos
Lange Videos bieten den Vorteil, tiefgehende Erklärungen und komplexe Inhalte zu vermitteln, was sie ideal für Bildungs- oder Dokumentationszwecke macht.

Beispiel

- **TED Talks**: Ein Klassiker im Bereich der Long-Form-Videos, bei denen die Vorträge in der Regel zwischen 10 und 20 min dauern. Die visuelle Unterstützung und die strukturierte Präsentation machen sie zu einem idealen Format für Wissensvermittlung.◄

4.3.2.2 Short Form Videos
Kurze Videos dominieren Plattformen wie TikTok und Instagram und haben sich als besonders geeignet für virale Inhalte etabliert. Sie bieten Unterhaltung oder Informationen in wenigen Sekunden bis maximal einer Minute.

Best Practices

- **Sofortige Aufmerksamkeit**: Kurze Videos müssen schnell die Aufmerksamkeit der Zuschauer gewinnen, oft innerhalb der ersten 3 s.

- **Aktuelle Trends aufgreifen**: Videos, die auf aktuellen Trends basieren, haben ein höheres Potenzial, viral zu gehen.◄

4.3.2.3 KI-Ressourcen für Videoinhalte

Künstliche Intelligenz hat auch den Videobereich revolutioniert, indem sie automatisierte Werkzeuge zur Erstellung und Bearbeitung von Inhalten bereitstellt.

Technologien und Anwendungen

- **Deep Fakes**: Eine der bekanntesten KI-Technologien, die mithilfe von GANs (Generative Adversarial Networks) Gesichter in Videos realistisch ersetzen kann. Deepfakes haben sowohl kreative als auch ethische Implikationen. Sie werden in der Kunst verwendet, um neue kreative Ausdrucksformen zu schaffen, z. B. durch die Nachstellung von historischen Szenen.
- **Stable Diffusion**: Diese Technologie generiert basierend auf Textbeschreibungen detaillierte Bilder und Animationen und wird häufig für künstlerische Projekte verwendet.
- **MidJourney**: Ein KI-Tool, das auf Textbeschreibungen basierende Bilder erstellt und in der digitalen Kunstszene zunehmend eingesetzt wird.

Bekannte Beispiele für Deep Fakes in der Kunst

- **Bill Posters' Deep Fake Art**: Der Künstler Bill Posters nutzte Deep Fakes, um virale Videos von Persönlichkeiten wie Mark Zuckerberg und Donald Trump zu erstellen, in denen er auf die Macht digitaler Manipulation hinwies.
- **Artistic Experimentation**: In der Kunst und Filmproduktion werden Deep Fakes verwendet, um neue Perspektiven auf bekannte Themen zu eröffnen oder historische Figuren in moderne Kontexte zu setzen.

4.3.2.4 Face Swap und Tanzvideos

Face Swap ist eine Technologie, die es ermöglicht, Gesichter in Videos in Echtzeit zu vertauschen. Sie ist als kreative Spielerei auf Plattformen wie Snapchat oder TikTok populär geworden, wird aber auch professionell in der Filmproduktion verwendet, um Schauspieler in CGI-Szenen zu integrieren.

Tanzvideos sind besonders auf Plattformen wie TikTok weit verbreitet. Hier haben sich Challenges etabliert, bei denen Nutzer*innen bestimmte Choreografien nachtanzen. Diese Formate haben auch in der Kunst- und Bildungswelt

Anwendung gefunden, um Bewegungsstudien oder künstlerische Performances zu digitalisieren.

Die Vielfalt an Formaten und Technologien bietet Künstler*innen und Kreativen zahlreiche Möglichkeiten, ihre Ideen auf innovative Weise zu kommunizieren. Besonders durch den Einsatz von KI können neue, faszinierende Inhalte geschaffen werden, die nicht nur in den sozialen Medien, sondern auch in der Kunst und Bildung ihren Platz finden. Allerdings erfordern diese neuen Technologien auch ein hohes Maß an ethischer Verantwortung, um Missbrauch zu verhindern und die Authentizität der digitalen Kunst zu gewährleisten.

4.4   Narrative Strategien

Die Art und Weise, wie Kunst in sozialen Medien präsentiert wird, hat sich im digitalen Zeitalter erheblich verändert. Plattformen wie Instagram, TikTok und YouTube bieten Künstler*innen die Möglichkeit, ihre Werke einem breiten Publikum zu zeigen und über verschiedene narrative Strategien zu kommunizieren. Dieser Artikel untersucht reale Beispiele und zeigt, welche narrativen Strategien in der Praxis erfolgreich sind.

4.4.1   Visuell-dominierte Narrative

Anwendungsbereiche und Vorteile

Visuell-dominierte Narrative nutzen die Kraft der Bilder und Videos, um Kunst auf Plattformen zu präsentieren, die sich auf visuelle Inhalte fokussieren. Instagram ist die ideale Plattform, da es Künstler*innen ermöglicht, durch Bildfolgen oder Videos Geschichten ohne viel Text zu erzählen. In dieser Strategie steht das Kunstwerk selbst im Zentrum der Erzählung.

Do's

- Verwendet hochwertige und konsistente visuelle Inhalte, die den ästhetischen Reiz eines Kunstwerks betonen.
- Die Nutzung einer kohärenten visuellen Bildsprache hilft dabei, eine wiedererkennbare Künstlermarke zu etablieren.

Don'ts

- Übermäßige Bearbeitung und Filter vermeiden, die das Werk in seiner Authentizität verfälschen könnten.

4.4.2 Persönliches Storytelling

Anwendungsbereiche und Vorteile
Persönliches Storytelling schafft eine emotionale Bindung zwischen Künstler*innen und dem Publikum. Auf Plattformen wie Instagram Stories, TikTok und YouTube können Künstler*innen ihren kreativen Prozess und persönliche Erfahrungen teilen, um einen intimen Einblick in ihr Leben und ihre Arbeit zu geben.

Do's

- Authentische Einblicke in den Schaffensprozess und das Leben als Künstler*in geben, um eine Verbindung zu den Followern aufzubauen.
- Regelmäßige Updates, die die Entwicklung des Kunstwerks dokumentieren, halten das Publikum engagiert.

Don'ts

- Zu persönliche oder kontroverse Themen teilen, die den Fokus von der Kunst ablenken oder das Image des Künstlers negativ beeinflussen könnten.

4.4.3 Edukative Narrative

Anwendungsbereiche und Vorteile
Edukative Narrative sind ideal für Künstler*innen und Kunstinstitutionen, die ihr Wissen und ihre Expertise mit einem breiten Publikum teilen wollen. Diese Strategie funktioniert besonders gut auf Plattformen wie YouTube oder TikTok, die es ermöglichen, längere oder kurze Videos zu teilen, in denen Kunsttechniken erklärt oder kunsthistorische Hintergründe vermittelt werden.

Beispiel: The Art Assignment auf YouTube
„The Art Assignment" ist eine von PBS Digital Studios betriebene YouTube-Serie, die von Sarah Urist Green moderiert wird. Die Serie kombiniert Kunstgeschichte und zeitgenössische Kunst, um komplexe Themen auf verständliche Weise zu erklären. In den Videos werden nicht nur Kunsttechniken gezeigt, sondern auch Künstler*inneninterviews geführt und aktuelle Themen der Kunstwelt diskutiert. Diese edukative Strategie vermittelt Wissen auf unterhaltsame und informative Weise und erreicht damit ein breites Publikum.

Do's

- Komplexe Themen in leicht verständliche und unterhaltsame Inhalte verpacken.
- Videos so strukturieren, dass das Publikum Schritt für Schritt dem Lernprozess folgen kann.

Don'ts

- Monotone Präsentationen oder zu lange theoretische Erklärungen, die das Publikum schnell verlieren könnten.

4.4.4 Interaktive Narrative

Anwendungsbereiche und Vorteile
Interaktive Narrative binden das Publikum aktiv in den kreativen Prozess ein und fördern so das Engagement. Diese Strategie funktioniert besonders gut auf Plattformen wie Instagram, TikTok und Twitter, wo Künstler*innen ihre Follower direkt ansprechen und sie zu Abstimmungen, Umfragen oder kreativen Beiträgen auffordern können.

Olafur Eliasson auf Instagram

Der dänisch-isländische Künstler Olafur Eliasson, bekannt für seine großen, ortsspezifischen Installationen, nutzt Instagram, um interaktive Narrative zu schaffen. Er fordert seine Follower oft dazu auf, Fotos von ihren eigenen Wahrnehmungen des Lichts oder der Natur zu posten und sie mit speziellen Hashtags zu versehen. Diese Fotos werden dann in seine Arbeit integriert oder in seinen Instagram-Feed geteilt. Dadurch entsteht ein Dialog zwischen dem Künstler und seinem Publikum, der weit über die reine Betrachtung hinausgeht.◄

Do's

- Follower*innen regelmäßig in kreative Entscheidungen oder Projekte einbeziehen, um das Engagement zu steigern.
- Klare und einfache Interaktionen (z. B. Abstimmungen oder Fragen) anbieten, die das Publikum leicht beantworten kann.

Don'ts

- Zu viele Interaktionen gleichzeitig fordern, die das Publikum überfordern könnten.

4.4.5 Transmediales Storytelling

Anwendungsbereiche und Vorteile
Transmediales Storytelling ermöglicht es Künstler*innen und Institutionen, eine komplexere Erzählung über verschiedene Plattformen hinweg zu entfalten. Jede Plattform bietet einen einzigartigen Zugang zur Geschichte und spricht unterschiedliche Aspekte des Kunstwerks an. Diese Strategie eignet sich besonders für Museen, Galerien und größere Kunstprojekte.

Tate Modern's „#TateWeather"

Das Museum Tate Modern in London nutzte eine transmediale Strategie für sein Projekt „#TateWeather", bei dem die Besucher dazu eingeladen wurden, ihre Wahrnehmung des Wetters und des Lichts in Bezug auf bestimmte Kunstwerke über soziale Medien zu teilen. Auf X und Instagram konnten Nutzer*innen ihre Eindrücke mit einem speziellen Hashtag versehen, während auf der Website der Galerie tiefere Informationen zu den gezeigten Werken bereitgestellt wurden. Gleichzeitig fanden im Museum selbst interaktive Installationen statt, die die physische und digitale Erfahrung miteinander verbanden.◄

Do's

- Verschiedene Plattformen und Medienformate so nutzen, dass sie sich gegenseitig ergänzen und unterschiedliche Aspekte einer Geschichte erzählen.
- Inhalte so gestalten, dass sie plattformübergreifend miteinander verbunden sind, aber auch unabhängig voneinander funktionieren.

Don'ts

- Identische Inhalte auf allen Plattformen teilen, was das transmediale Potenzial verwässert und die Interaktion auf jeder Plattform uninteressant machen könnte.

Die Wahl der narrativen Strategie hängt von den Zielen, der Art der Kunst und der Zielgruppe ab. Visuell-dominierte Narrative sind besonders wirkungsvoll auf Plattformen wie Instagram, während persönliche Erzählungen die emotionale Bindung zum Publikum stärken. Edukative Inhalte bieten Mehrwert, indem sie Wissen vermitteln, während interaktive Narrative das Engagement des Publikums steigern. Transmediales Storytelling ermöglicht es, tiefere und facettenreichere Geschichten zu erzählen, die über mehrere Plattformen hinweg miteinander verknüpft sind.

Diese Beispiele zeigen, wie unterschiedliche Künstler*innen und Institutionen narrative Strategien in der Praxis einsetzen, um ihre Kunst erfolgreich in den sozialen Medien zu präsentieren.

4.5   Planung

In diesem Artikel werden die Schritte und Überlegungen zur Content-Planung und -Kalkulation beschrieben sowie die Unterschiede zwischen traditioneller Content-Erstellung und der Nutzung von KI aufgezeigt.

4.5.1   Planung von Content für soziale Medien

Anwendungsbereiche und Vorteile

Die strategische Planung von Content ist entscheidend, um ein kohärentes und konsistentes Erscheinungsbild auf Social-Media-Plattformen zu gewährleisten. Ein gut durchdachter Plan ermöglicht es, regelmäßig Inhalte zu posten, die auf die Zielgruppe abgestimmt sind, und hilft dabei, messbare Ziele zu erreichen, sei es in Form von erhöhter Markenbekanntheit, mehr Engagement oder Umsatzsteigerungen.

Wichtige Schritte in der Planungsphase

- **Zielgruppenanalyse**: Verstehen, welche demografischen Merkmale, Interessen und Bedürfnisse die Zielgruppe hat. Dies beeinflusst die Art des Inhalts, den Ton und die Plattform, auf der die Inhalte geteilt werden.
- **Ziele festlegen**: Ziele sollten SMART (spezifisch, messbar, erreichbar, realistisch und zeitgebunden) sein. Beispielsweise könnte ein Ziel sein, die Instagram-Followerzahl innerhalb von sechs Monaten um 20 % zu erhöhen.
- **Plattformauswahl**: Die Wahl der Plattform hängt von der Zielgruppe und der Art des Inhalts ab. Während Instagram visuell orientiert ist, eignet sich LinkedIn eher für professionellen Content, und TikTok setzt auf Kurzvideos.
- **Content-Kalender erstellen**: Ein Kalender hilft dabei, Inhalte im Voraus zu planen und eine regelmäßige Veröffentlichung zu gewährleisten. Hier werden Themen, Zeitpunkte der Veröffentlichung und spezifische Inhalte festgelegt.

4.5.2 Kostenkalkulation

Die Erstellung von Social-Media-Content kann je nach den Anforderungen des Projekts erhebliche Kosten verursachen. Diese Kosten hängen von verschiedenen Faktoren ab, einschließlich der Komplexität der Inhalte, der Notwendigkeit von Fachkräften (Fotograf*innen, Designer*innen, Videoproduzent*innen und Darsteller*innen) und der Frequenz der Veröffentlichungen.

Kostenfaktoren für Content ohne KI

- **Visuelle Inhalte (Fotos, Grafiken, Videos)**: Professionelle Fotograf*innen, Videofilmer*innen und Designer*innen werden oft beauftragt, um qualitativ hochwertigen Content zu erstellen. Die Kosten hängen von der Erfahrung der Fachkräfte und der benötigten Ausstattung ab. Ein Fotoshooting für eine Kampagne kann leicht mehrere tausend Euro kosten.
- **Texterstellung**: Professionelle Texter*innen verfassen Texte für Posts, Blogartikel und andere Formen des geschriebenen Contents. Die Kosten können hier je nach Länge und Komplexität des Textes variieren.

- **Content-Management**: Ein*e Social-Media-Manager*in kann den gesamten Prozess überwachen – von der Planung über die Erstellung bis hin zur Veröffentlichung und Analyse. Dies ist ein erheblicher Kostenfaktor, insbesondere wenn mehrere Plattformen betreut werden müssen.
- **Werbekosten**: Um den organischen Reichweitenverlust auf Plattformen wie Facebook oder Instagram auszugleichen, wird oft auf bezahlte Werbung gesetzt, was zusätzliche Kosten verursacht.

Content-Erstellung mit KI

Künstliche Intelligenz bietet neue Möglichkeiten, Content zu erstellen und zu optimieren, was sowohl Zeit als auch Kosten sparen kann. Während die Investition in KI-Tools zu Beginn anfallen kann, amortisieren sich diese Kosten oft durch die langfristige Effizienzsteigerung.

Kostenfaktoren für Content mit KI

- **KI-Tools**: Es gibt zahlreiche KI-Tools, die für die Erstellung von Inhalten genutzt werden können. Beispiele sind Jasper AI, Writesonic oder Copy.ai für Texterstellung sowie Canva und Lumen5 für die automatisierte Erstellung visueller Inhalte und Videos. Diese Tools haben oft abonnementbasierte Kostenmodelle, die zwischen 20 und 100 € pro Monat variieren.
- **Automatisierung**: KI kann repetitive Aufgaben automatisieren, wie z. B. das Schreiben von Social-Media-Beiträgen oder das Erstellen von Bildern auf Basis von Vorlagen. Dies reduziert den Bedarf an menschlichen Fachkräften und damit die Lohnkosten erheblich.
- **Analyse- und Optimierungstools**: Viele KI-basierte Plattformen bieten fortschrittliche Analysetools, die es ermöglichen, Content in Echtzeit zu überwachen und zu optimieren. Dadurch lassen sich teure Fehler minimieren und der ROI (Return on Investment) verbessern.

4.5.3   Content ohne KI

Vorteile und Herausforderungen

Die traditionelle Content-Erstellung hat ihre Stärken, insbesondere wenn es darum geht, kreative, individuell angefertigte und künstlerisch anspruchsvolle Inhalte zu schaffen. Diese Methode setzt auf menschliche Expertise, die Nuancen der

Kommunikation versteht und auf emotionale Weise auf das Publikum eingehen kann.

Vorteile der traditionellen Content-Erstellung

- **Kreativität und Originalität**: Menschliche Kreativität bleibt unersetzlich, wenn es um die Entwicklung innovativer und einzigartiger Konzepte geht. Kunst, emotionale Geschichten und tiefgehende Erzählungen können durch menschliche Texter und Designer*innen wirkungsvoller kommuniziert werden.
- **Persönliche Verbindung**: Ein menschlicher Schreiber*innen oder Designer*innen können sich besser in die Perspektive der Zielgruppe hineinversetzen und authentische Inhalte erstellen, die eine echte emotionale Bindung aufbauen.
- **Manuelle Kontrolle**: Die manuelle Kontrolle über den kreativen Prozess sorgt dafür, dass Inhalte den genauen Anforderungen entsprechen und sorgfältig geprüft werden können.

Herausforderungen

- **Zeit- und Kostenintensiv**: Die manuelle Erstellung von Content erfordert Zeit, Ressourcen und Geld. Das Planen und Durchführen von Fotoshootings, das Schreiben und Redigieren von Texten sowie die Gestaltung von Grafiken nehmen viel Zeit in Anspruch.
- **Begrenzte Skalierbarkeit**: Wenn ein Projekt wächst oder mehrere Plattformen bespielt werden sollen, stößt die traditionelle Content-Erstellung schnell an ihre Grenzen. Mehr Content erfordert proportional mehr Ressourcen.

4.5.4 Content mit KI

Vorteile und Herausforderungen

Die Content-Erstellung mit KI bietet erhebliche Vorteile, vor allem wenn es darum geht, große Mengen an Inhalten schnell und kostengünstig zu produzieren. Von der Texterstellung über das Erstellen von Grafiken bis hin zur Analyse des Nutzerverhaltens: KI kann eine Vielzahl von Aufgaben übernehmen und den Content-Erstellungsprozess effizienter gestalten.

Vorteile von Content mit KI

- **Effizienz**: KI kann große Mengen an Inhalten in kurzer Zeit produzieren, was es möglich macht, den Output drastisch zu erhöhen, ohne dass die Qualität leidet. Tools wie Copy.ai oder Writesonic können Texte basierend auf wenigen Eingaben erstellen, die dann schnell überarbeitet und veröffentlicht werden können.
- **Personalisierung**: KI kann Inhalte basierend auf dem Verhalten und den Vorlieben der Zielgruppe personalisieren. Dies ist besonders nützlich bei der Erstellung von Produktbeschreibungen, Social-Media-Beiträgen oder E-Mail-Newslettern, die individuell auf Nutzer*innen zugeschnitten werden.
- **Kostenersparnis**: Durch die Reduzierung des Arbeitsaufwands für die manuelle Erstellung von Inhalten können Unternehmen erheblich Kosten sparen, insbesondere bei wiederholbaren Aufgaben.

Herausforderungen

- **Fehlende Kreativität:** Trotz der Fortschritte bleibt KI in Bezug auf echte Kreativität und emotionales Storytelling hinter menschlichen Schöpfern zurück. Die Inhalte, die von KI generiert werden, können manchmal flach oder standardisiert wirken.
- **Qualitätskontrolle:** KI-basierte Inhalte müssen sorgfältig geprüft und redigiert werden, um sicherzustellen, dass sie den Anforderungen entsprechen und keine Fehler oder Missverständnisse enthalten.
- **Abhängigkeit von Daten:** KI-Modelle benötigen große Mengen an Daten, um genau und effizient zu arbeiten. Ohne ausreichende und qualitativ hochwertige Daten kann die Leistung von KI-Tools beeinträchtigt sein.

BuzzFeed

BuzzFeed nutzt KI-Technologien, um schnell große Mengen an Content zu produzieren. Zum Beispiel werden Quiz-Fragen und einfache Artikel teilweise durch KI-Tools generiert. Durch die Automatisierung bestimmter Bereiche ihrer Content-Erstellung kann BuzzFeed eine große Menge an leicht verdaulichem Content veröffentlichen, der auf den Interessen der Nutzer*innen basiert.◄

4.6   Fazit

Sowohl die traditionelle Content-Erstellung als auch die Nutzung von KI haben ihre Vor- und Nachteile. Während traditionelle Methoden mehr Kreativität und eine persönlichere Note bieten, punktet die KI durch ökonomische und quantitative Effizienz und Skalierbarkeit. Unternehmen und Künstler*innen sollten je nach ihren Zielen, Ressourcen und dem gewünschten Output entscheiden, welche Methode oder Kombination von beiden sie wählen. Die Zukunft der Content-Erstellung wird wahrscheinlich von einem hybriden Ansatz geprägt sein, bei dem menschliche Kreativität und KI-gesteuerte Effizienz miteinander kombiniert werden, um den besten Output zu erzielen.

Diskutieren Sie mit!

Wie verändert die Nutzung sozialer Netzwerke als Plattform für Kunst den traditionellen Kunstbegriff und die Rolle von Galerien und Auktionshäusern?

Monitoring und Erfolgsmessung

5

Inhaltsverzeichnis

Schlüsselfragen

- Warum ist die Erfolgsmessung von Social-Media-Kampagnen so wichtig, besonders im Kontext von KI-generierten Inhalten?
- Welche Ziele verfolgen Unternehmen oder Künstler*innen, wenn sie Social-Media-Inhalte erstellen, und wie lassen sich diese Ziele messbar machen?
- Wie hat sich die Art und Weise, wie der Erfolg von Social-Media-Inhalten gemessen wird, durch den Einsatz von KI verändert?
- Welche Herausforderungen können bei der Bewertung von KI-generierten Inhalten im Vergleich zu von Menschen erstellten Inhalten auftreten?
- Welche Kennzahlen (KPIs) halten Sie für besonders wichtig, um den Erfolg von Social-Media-Inhalten zu bewerten, und warum?

Schlüsselkonzepte

- Key Performance Indicators (KPIs)
- Reichweite
- Engagement

© Der/die Autor(en), exklusiv lizenziert an Springer Fachmedien Wiesbaden GmbH, ein Teil von Springer Nature 2025
W. Zoungrana et al., *KI und Social Media in der Kulturvermittlung*, Kunst- und Kulturmanagement, https://doi.org/10.1007/978-3-658-48621-1_5

- Conversion und Conversion Rate
- Cost per Acquisition (CPA
- Click-Through-Rate (CTR)
- Monitoring-Tools

Im vorangegangenen Kapitel haben wir den Produktionsprozess von Social-Media-Inhalten umfassend beleuchtet, insbesondere den wachsenden Einfluss von künstlicher Intelligenz (KI) als kreatives Werkzeug. Dabei haben wir die Potenziale und Herausforderungen von KI diskutiert – von neuen kreativen Möglichkeiten bis hin zu Fragen der Authentizität, Ethik und der Rolle menschlicher Kreativität in einer automatisierten digitalen Kultur.

In diesem Kapitel richten wir unseren Fokus auf einen weiteren zentralen Aspekt der Nutzung von Social Media: die systematische Messung und Bewertung der Effektivität von Inhalten. Nachdem die Beiträge erfolgreich erstellt und veröffentlicht wurden, ist es essentiell zu verstehen, wie sie performen, welche Zielgruppen sie erreichen und welche Wirkung sie entfalten. Gerade bei KI-generierten Inhalten ist es entscheidend, die richtigen Messinstrumente einzusetzen, um ihre Ergebnisse valide zu bewerten und datenbasierte Optimierungen vorzunehmen.

Die Erfolgsmessung basiert auf der Auswahl passender Key Performance Indicators (KPIs), die den Erfolg von Kampagnen und Strategien messbar machen. Diese Kennzahlen ermöglichen es, sowohl kurzfristige Effekte wie Reichweite und Engagement zu analysieren als auch langfristige Auswirkungen auf Markenwahrnehmung und Kundenbindung zu erfassen.

Im Verlauf dieses Kapitels stellen wir die wichtigsten KPIs vor und erläutern, wie sie je nach Kampagnenziel ausgewählt werden können. Darüber hinaus beleuchten wir die Werkzeuge und Technologien, die für die Analyse und Optimierung von Social-Media-Inhalten zur Verfügung stehen, sowie die spezifischen Herausforderungen, die sich bei der Erfolgsmessung von KI-generierten Inhalten ergeben. Dieses Kapitel bietet damit eine Grundlage, um die Performance von Social-Media-Kampagnen systematisch zu bewerten und nachhaltig zu verbessern.

5.1   Relevante KPIs für KI-generierten Social-Media-Content

Key Performance Indicators (KPIs) sind essenzielle Metriken, die helfen, den Erfolg von Social-Media-Inhalten zu messen. Im Kontext von KI-generierten Inhalten ist die Wahl der richtigen KPIs von besonderer Bedeutung, da diese oft automatisiert in großen Mengen erstellt werden. Ohne die passenden Kennzahlen bleibt die Wirkung dieser Inhalte unklar. Die wichtigsten KPIs lassen sich in drei Hauptkategorien unterteilen: Reichweite, Engagement und Conversion.

5.1.1 Reichweite und Sichtbarkeit

Die Reichweite ist ein grundlegender KPI, der angibt, wie viele Personen den KI-generierten Inhalt potenziell wahrgenommen haben. Besonders bei der Nutzung von KI-Tools zur Erstellung von Social-Media-Inhalten ist es wichtig zu verstehen, inwiefern diese Inhalte sichtbar und zugänglich sind.

Die Reichweite gibt an, wie viele eindeutige Nutzer*innen einen Beitrag gesehen haben. Die Impressions hingegen zeigen, wie oft der Beitrag insgesamt angezeigt wurde, auch wenn derselbe Nutzer*innen den Beitrag mehrfach gesehen haben. Diese Metrik misst die Anzahl der Gesamtansichten eines Beitrags, unabhängig davon, ob die Nutzer*innen mit dem Inhalt interagieren oder nicht. Impressions sind besonders nützlich, um zu verstehen, wie oft ein KI-generierter Beitrag in den Feeds der Nutzer*innen aufgetaucht ist.

Im Gegensatz zu den Impressions, die auch mehrfaches Anzeigen eines Inhalts bei derselben Person mitzählen, misst die Unique Reach, wie viele individuelle Personen den Inhalt mindestens einmal gesehen haben. Dies ist ein wichtiger Indikator dafür, wie viele unterschiedliche Menschen durch den KI-generierten Content tatsächlich erreicht wurden.

Ein weiterer relevanter KPI im Bereich der Reichweite ist das Wachstum der Follower*innen-Zahlen. Wenn eine Kampagne mit KI-generierten Inhalten dazu beiträgt, dass die Anzahl der Follower*innen auf einem Social-Media-Kanal signifikant steigt, zeigt dies, dass der Content für neue Nutzer*innen attraktiv ist.

Formel zur Berechnung der Reichweite

- Reichweite = Anzahl der eindeutigen Nutzer*innen, die den Beitrag gesehen haben

Formel zur Berechnung der Impressions

- Impressions = Gesamtanzahl der Ansichten eines Beitrags

Beispiel: Ein KI-generierter Instagram-Post erreicht 50.000 eindeutige Nutzer*innen (Reichweite) und wird insgesamt 75.000 Mal angesehen (Impressions). Dies zeigt, dass der Beitrag bei einigen Nutzer*innen mehrfach angezeigt wurde.

Eine hohe Reichweite zeigt, dass ein Beitrag eine Vielzahl von Personen erreicht hat. Dies ist besonders wichtig für kulturelle Institutionen, wenn das Ziel darin besteht, die Bekanntheit der Institution, ihrer Programme oder ihrer kulturellen Mission zu steigern. Eine breite Reichweite erhöht die Wahrscheinlichkeit, neue Zielgruppen anzusprechen und das Interesse für kulturelle Angebote zu wecken.

Hohe Impressions (Anzeigewiederholungen) deuten darauf hin, dass ein Beitrag nicht nur häufig angezeigt wurde, sondern dass Nutzer*innen mehrfach mit dem Inhalt in Kontakt gekommen sind. Diese wiederholte Sichtbarkeit kann dazu beitragen, das Bewusstsein für die Institution zu stärken und deren Botschaften langfristig im Gedächtnis der Zielgruppe zu verankern.

Als Beispiel könnte der Start auf eine bevorstehende kulturelle Veranstaltung einem Rezipienten immer wieder ins Gedächtnis geholt werden, um über einen längeren Zeitraum eine Awareness aufzubauen.

Für kulturelle Institutionen bieten Reichweite und Impressions also eine wichtige Grundlage, um sowohl kurzfristige Aufmerksamkeit zu generieren als auch langfristig die Sichtbarkeit und Wahrnehmung in der Öffentlichkeit zu fördern. Dies gilt besonders in einer zunehmend digitalisierten und kompetitiven Umgebung, in der die Wahrnehmung kultureller Inhalte einen entscheidenden Unterschied machen kann.

5.1.2 Engagement

Das Engagement ist der KPI, der misst, wie stark Nutzer*innen mit den Inhalten interagieren. Dies ist besonders im Kontext von KI-generierten Inhalten entscheidend, da die Effektivität von Content oft davon abhängt, wie stark die Zielgruppe darauf reagiert und daraufhin eine Botschaft durch den Algorithmus der Social-Media-Plattformen verbreitet wird.

- **Likes, Shares, Kommentare**: Diese Metriken erfassen die direkt sichtbare Interaktion mit einem Beitrag. Likes und Shares geben Aufschluss darüber, wie gut ein KI-generierter Inhalt ankommt, während Kommentare tiefergehende Einblicke in die Meinungen und das Feedback der Zielgruppe geben.
- **Engagement Rate**: Diese Metrik setzt die Anzahl der Interaktionen (Likes, Shares, Kommentare) in Relation zur Reichweite oder den Impressions. Eine hohe Engagement-Rate zeigt, dass der Content nicht nur sichtbar ist, sondern auch das Interesse und die Beteiligung des Publikums weckt.
- **Video Views und Watch Time**: Für KI-generierte Videos sind die Anzahl der Video Views und die durchschnittliche Watch Time wichtige KPIs. Sie geben Aufschluss darüber, wie viele Menschen das Video anschauen und wie lange sie dabei bleiben. Insbesondere die Watch Time ist ein aussagekräftiger Indikator, um zu bewerten, ob der Content die Aufmerksamkeit des Publikums hält.
- **Click-Through-Rate (CTR)**: Diese Metrik misst, wie oft Nutzer*innen auf einen Link in einem Beitrag klicken, der zu einer externen Seite führt, etwa einer Landing Page oder einem Webshop. Die CTR ist besonders wichtig, wenn der KI-generierte Inhalt dazu dient, Nutzer*innen von der Social-Media-Plattform auf eine andere Seite zu leiten.

Formel zur Berechnung der Engagement-Rate

- Engagement-Rate $=$ (Anzahl der Interaktionen/Anzahl der erreichten Nutzer*innen) $\times 100$

Beispiel: Ein KI-generierter Facebook-Post erreicht 20.000 Nutzer*innen und generiert 1000 Interaktionen (Likes, Kommentare, Shares). Die Engagement-Rate beträgt:

- $(1000/20.000) \times 100 = 5\,\%$

Interpretation: Eine hohe Engagement-Rate zeigt, dass der Beitrag nicht nur angesehen, sondern auch aktiv wahrgenommen und geschätzt wurde. Ein Wert von 5 % gilt auf den meisten Plattformen als gut, während höhere Raten in der Regel eine besonders hohe Relevanz für die Zielgruppe signalisieren.

Formel zur Berechnung der CTR

- CTR = (Anzahl der Klicks auf den Link/Anzahl der Impressions) × 100

Beispiel: Ein KI-generierter LinkedIn-Post enthält einen Link zu einem Webinar und erzielt 800 Klicks bei 16.000 Impressions. Die CTR beträgt:

- (800/16.000) × 100 = 5 %

Interpretation: Eine höhere CTR bedeutet, dass der Call-to-Action gut funktioniert und Nutzer*innen dazu anregt, weiterführende Inhalte anzusehen. Eine niedrige CTR könnte darauf hinweisen, dass die Botschaft des Posts nicht klar genug ist oder der Link wenig relevant erscheint.

5.1.3 Conversion

Die Conversion-Rate ist der KPI, der darüber entscheidet, ob ein KI-generierter Inhalt erfolgreich bei der Erreichung von Zielen kultureller Institutionen war. Die Ziele können vielfältig sein und reichen von Besucherzahlen bis hin zur Förderung kultureller Werte und Inhalte. Conversions können je nach den strategischen Zielen der Kampagne in verschiedenen Formen auftreten:

- **Ticketverkäufe und Buchungen:**
  Für Museen, Theater, Konzerte oder andere kulturelle Veranstaltungen ist die Anzahl der verkauften Tickets oder getätigten Buchungen eine zentrale Kennzahl. Hierbei spielt auch der Cost per Acquisition (CPA) eine entscheidende Rolle, der angibt, wie viel Budget für jede*n gewonnene*n Besucher*in oder Teilnehmer*in investiert wurde.

- **Mitgliedschaften und Förderbeiträge:**
  Viele kulturelle Institutionen streben an, langfristige Unterstützer*in zu gewinnen. Die Anzahl neuer Mitglieder, Förderer*innen oder Spendengeber*in, die durch KI-gestützte Kampagnen erreicht werden, kann ein entscheidender Indikator sein.
- **Registrierungen und Downloads:**
  Für Museen, Archive oder kulturelle Plattformen, die digitale Inhalte wie virtuelle Ausstellungen, E-Books oder Apps bereitstellen, sind die Anzahl von Registrierungen, Downloads oder Zugriffsstatistiken entscheidende Erfolgskriterien.
- **Besucherzahlen vor Ort und virtuell:**
  KI-generierte Inhalte können sowohl physische als auch virtuelle Besucherströme fördern. Die Steigerung von Museumsbesuchen, Event-Teilnahmen oder Aufrufen von Online-Angeboten (z. B. virtuellen Touren) ist ein zentraler KPI für den Erfolg.
- **Bildungsziele und kulturelle Wirkung:**
  Kulturelle Institutionen verfolgen oft nicht-kommerzielle Ziele, etwa die Verbreitung von Wissen oder die Förderung von kultureller Teilhabe. Metriken wie die Anzahl der Teilnehmer*innen an Workshops, Webinaren oder die Reichweite von Bildungsinhalten sind wertvolle Indikatoren.

Durch die kluge Nutzung von KI-generierten Inhalten können kulturelle Institutionen ihre Zielgruppen effektiver erreichen, neue Besucher*innen anziehen und ihre kulturelle Mission stärken. Der Erfolg hängt davon ab, die richtigen KPIs zu definieren, die auf die individuellen Ziele der Institution zugeschnitten sind.

Formel zur Berechnung der Conversion-Rate

- Conversion-Rate $=$ (Anzahl der Conversions/Anzahl der Klicks) $\times 100$

Formel zur Berechnung des CPA

- CPA $=$ Gesamtkosten der Kampagne/Anzahl der Conversions

Beispiel: Eine KI-generierte Kampagne führt zu 120 Conversions bei 3000 Klicks. Die Conversion Rate beträgt:

- $(120/3000) \times 100 = 4\,\%$

Wenn die Gesamtkosten der Kampagne 12.000 € betragen, beträgt der CPA:

- 12.000 €/120 Conversions = 100 € pro Conversion.

Interpretation: Eine hohe Conversion Rate zeigt, dass die Nutzer*innen nicht nur Interesse an der Anzeige gezeigt, sondern auch die gewünschte Aktion ausgeführt haben. Ein niedriger CPA bedeutet, dass die Kampagne effizient ist, während ein hoher CPA darauf hinweisen kann, dass die Kampagne kostspieliger ist, als sie Nutzen bringt.

5.2   Auswahl der richtigen Kennzahlen für die Erfolgsmessung

Die Wahl der richtigen KPIs hängt stark von den spezifischen Zielen der jeweiligen Social-Media-Kampagne ab. Es ist von entscheidender Bedeutung, dass die ausgewählten Kennzahlen direkt auf die Hauptziele der Kampagne ausgerichtet sind.

5.2.1   Praxisbeispiel: Eine Kampagne für ein Kulturinstitut

In diesem Beispiel betrachten wir eine KI-generierte Kampagne für ein Kulturinstitut, das seine neue Ausstellung bekannt machen und gleichzeitig Besucher*innen für Veranstaltungen gewinnen möchte. Die Ziele umfassen die Steigerung der Reichweite, das Erhöhen des Engagements und die Förderung von Conversions, wie beispielsweise in Form von Ticketverkäufen oder Anmeldungen zu Veranstaltungen. Dabei wird gezeigt, wie die verschiedenen KPIs sinnvoll kombiniert und interpretiert werden können, um den Kampagnenerfolg zu maximieren.

Das primäre Ziel zu Beginn der Kampagne ist es, die Ausstellung einer möglichst breiten Zielgruppe bekannt zu machen. In diesem Fall liegt der Fokus auf Reichweiten-KPIs wie Impressions, Unique Reach und Follower*innen-Wachstum.

- **Impressions**: Wie oft wurde der Inhalt insgesamt gesehen?
- **Unique Reach**: Wie viele verschiedene Personen haben den Inhalt gesehen?
- **Follower*innen-Wachstum**: Wie viele neue Follower*innen hat das Kultur-institut durch die Kampagne gewonnen?

Synergie: Reichweite und Engagement verbinden
Während eine große Reichweite wichtig ist, zeigt erst die Kombination mit **Engagement-KPIs**, ob die Inhalte die Zielgruppe wirklich ansprechen. Hier ent-steht eine Synergie: Eine hohe Reichweite allein ist nicht aussagekräftig, wenn das Publikum nicht aktiv wird.

Formel zur Berechnung der Engagement-Rate
Engagement-Rate = (Interaktionen/Unique Reach) * 100
Beispiel: Die Kampagne erreicht 50.000 Personen (Unique Reach) und generiert 3000 Interaktionen. Die Engagement-Rate beträgt:
Engagement-Rate = (3000/50.000) * 100 = 6 %
Interpretation: Eine Engagement-Rate von 6 % zeigt, dass die Inhalte das Interesse der Zielgruppe geweckt haben. Eine aktive Zielgruppe, die mit den Inhalten interagiert, zeigt ein höheres Potenzial für zukünftige Conversions, wie beispielsweise Ticketkäufe.

5.2.2 Engagement fördern: Qualität der Interaktionen verbessern

Ein Kulturinstitut könnte interaktive Inhalte nutzen, um das Engagement weiter zu steigern, z. B. durch die Einbindung von Umfragen oder Diskussionen über die Themen der Ausstellung. Hier rückt die Engagement-Rate als Haupt-KPI in den Fokus.

Zusätzlich ist es wichtig, die Qualität des Engagements zu bewerten. Dies geht über einfache Likes hinaus und berücksichtigt Kommentare, Diskussionen und das Teilen von Inhalten, was auf eine tiefere Auseinandersetzung mit dem Thema schließen lässt.

Synergie: Engagement und Conversions kombinieren

Ein hohes Engagement deutet darauf hin, dass die Zielgruppe empfänglicher für weitere Handlungen, wie z. B. Ticketkäufe, ist. Daher sollten Nutzer*innen die regelmäßig interagieren, gezielt durch Retargeting-Kampagnen angesprochen werden, um die Conversions zu erhöhen.

Formel zur Berechnung der Conversion-Rate (aus Engagement)

Conversion-Rate = (Anzahl der Conversions/Anzahl der Interaktionen) * 100

Beispiel: Eine Kampagne hat 5000 Interaktionen und führt zu 100 Ticketkäufen. Die Conversion-Rate beträgt:

Conversion-Rate = (100/5000) * 100 = 2 %

Interpretation: Eine Conversion-Rate von 2 % zeigt, dass 2 % der interagierenden Nutzer*innen bereit waren, eine kostenpflichtige Handlung durchzuführen (z. B. den Kauf eines Tickets).

5.2.3 Conversion steigern: Reichweite und Engagement maximieren

Sobald die Marke bekannt gemacht und die Zielgruppe engagiert ist, liegt der Fokus auf der Conversion. Dies kann in Form von Ticketverkäufen, Anmeldungen zu Veranstaltungen oder Spenden erfolgen. Die wichtigsten KPIs hier sind die Click-Through-Rate (CTR) und die Conversion-Rate.

- **CTR**: Prozentsatz der Personen, die nach dem Klick auf einen Link eine Aktion ausführen.
- **Conversion-Rate**: Prozentsatz der Personen, die eine Conversion durchführen (z. B. Ticketkauf).

Formel zur Berechnung der Conversion-Rate (aus Reichweite)

Conversion-Rate = (Anzahl der Conversions/Unique Reach) * 100

> **Beispiel:** Die Kampagne erreicht 20.000 Personen und führt zu 400 Conversions (Ticketverkäufen). Die Conversion-Rate beträgt:
> Conversion-Rate = (400/20.000) * 100 = 2 %

Synergien: Optimierung von Reichweite, Engagement und Conversions

Durch die Verknüpfung von Reichweite, Engagement und Conversions können Synergien genutzt werden. Eine hohe Reichweite gepaart mit starkem Engagement führt tendenziell zu höheren Conversions. Um die Conversion-Rate zu maximieren, kann das Kulturinstitut gezielt Nutzer*innen ansprechen, die bereits interagiert haben, aber noch keine Handlung durchgeführt haben.

Eine Möglichkeit besteht darin, durch Retargeting gezielt Nutzer*innen zu erreichen, die die Inhalte gesehen, aber noch keine Tickets gekauft haben. Hierbei können Call-to-Action-Buttons oder Exklusivangebote (z. B. Rabatte für Tickets) zur Erhöhung der Conversions eingesetzt werden.

5.2.4 Optimierung der CPA (Cost per Acquisition)

Die Cost per Acquisition (CPA) ist ein entscheidender KPI, wenn es darum geht, die Kosten pro Conversion zu kontrollieren. Durch die Nutzung der Synergien zwischen Reichweite, Engagement und Conversion kann die CPA gesenkt werden.

> **Formel zur Berechnung der CPA**
> CPA = Gesamtkampagnenkosten/Anzahl der Conversions
> **Beispiel:** Eine Kampagne kostet 5000 € und führt zu 100 Ticketverkäufen. Die CPA beträgt:
> CPA = 5000/100 = 50 €
> **Interpretation:** Eine CPA von 50 € zeigt, dass das Kulturinstitut 50 € ausgeben muss, um einen Ticketverkauf zu generieren. Durch die Optimierung der Reichweite und des Engagements kann dieser Wert gesenkt werden, z. B. durch gezielteres Marketing oder die Erhöhung der Conversion-Rate durch spezielle Angebote.

5.2.5 Zusammenfassung der Synergien für ein Kulturinstitut

1. **Reichweite maximieren:** Eine breite Zielgruppe wird durch digitale Marketingmaßnahmen wie Anzeigen und Posts auf Social Media angesprochen.
2. **Engagement steigern:** Durch interaktive Inhalte wird das Publikum tiefer eingebunden, was zur Verstärkung der Markenbindung führt.
3. **Conversions fördern:** Gezielt auf engagierte Nutzer*innen gerichtete Maßnahmen wie Retargeting oder spezielle Angebote helfen, Ticketverkäufe und andere Conversions zu steigern.
4. **Kosten optimieren:** Die Kombination von Reichweite, Engagement und Conversion führt dazu, dass die CPA kontinuierlich gesenkt wird, da Nutzer*innen effizienter zu Kunden konvertiert werden.

Durch die strategische Verknüpfung dieser KPIs kann das Kulturinstitut nicht nur mehr Besucher für seine Ausstellungen gewinnen, sondern auch langfristig seine Markenbekanntheit und Reichweite erhöhen, während es gleichzeitig die Kosten pro gewonnenem Besucher optimiert.

5.3 Tools zur Evaluierung der Social-Media-Performance von KI-generierten Content

Um die oben genannten KPIs effektiv messen zu können, stehen verschiedene Werkzeuge zur Verfügung, die sich in ihren Funktionen und Anwendungsbereichen unterscheiden. In diesem Abschnitt stellen wir einige der wichtigsten Tools zur Erfolgsmessung von KI-generierten Social-Media-Inhalten vor.

5.3.1 Hootsuite und Sprout Social

Hootsuite und Sprout Social gehören zu den beliebtesten Social-Media-Management-Tools, die umfassende Analysemöglichkeiten und Content Planung bieten. Beide Tools ermöglichen es, Social-Media-Aktivitäten zu planen, zu monitoren und zu analysieren. Sie bieten Metriken zu Reichweite, Engagement und Conversions und helfen, die Performance von KI-generierten Inhalten zu tracken.

Ein wichtiges Merkmal dieser Tools ist ihre Fähigkeit zur zeitlichen Planung von Posts, was es Unternehmen ermöglicht, Inhalte gezielt zu veröffentlichen, um die Reichweite zu maximieren. Die Dashboards von Hootsuite und Sprout Social sind benutzerfreundlich gestaltet und ermöglichen es Nutzer*innen, schnell auf relevante Daten zuzugreifen.

Beispiel Ein Unternehmen, das Hootsuite verwendet, kann einen umfassenden Performance-Überblick über seine KI-generierten Instagram-Posts erhalten, einschließlich Impressions, Likes, Shares, CTR und Engagement-Rate. Mithilfe von benutzerdefinierten Berichten können Marketing-Teams spezifische Kampagnen analysieren und wertvolle Erkenntnisse über die Präferenzen ihrer Zielgruppe gewinnen.

5.3.2 Google Analytics und Social-Media-Conversions

Google Analytics bietet umfassende Möglichkeiten, das Verhalten von Nutzer*innen auf Webseiten zu analysieren, insbesondere in Bezug auf Traffic, der von Social-Media-Plattformen stammt. Diese Funktionalität ist besonders relevant für die Bewertung von KI-generierten Inhalten, die über soziale Medien auf externe Webseiten verweisen. Die Kombination von Google Analytics mit Social-Media-Kanälen ermöglicht eine detaillierte Nachverfolgung der gesamten Customer Journey – von der ersten Interaktion mit einem Beitrag bis hin zu Conversions, wie etwa Käufen, Anmeldungen oder anderen definierten Zielen.

Die Plattform stellt verschiedene Funktionen bereit, die zur Bewertung der Performance von Social-Media-Kampagnen und KI-generierten Inhalten beitragen:

- **Conversion-Tracking:** Eine zentrale Funktion, die Aufschluss darüber gibt, welche Beiträge oder Kampagnen zu den meisten Conversions führen. Dies ist essentiell, um den Erfolg spezifischer Inhalte zu messen und die Effektivität einzelner Kanäle zu bewerten.
- **Traffic-Quellen-Analyse:** Google Analytics ermöglicht die Identifikation der Social-Media-Plattformen, die den meisten Traffic auf die Webseite leiten, und liefert detaillierte Informationen über das Verhalten dieser Nutzer*innen.

Im Rahmen der Analyse des Social-Media-Traffics liefern folgende Kennzahlen wichtige Erkenntnisse:

- **Bounce-Rate:** Der Prozentsatz der Nutzer*innen, die die Webseite nach dem Besuch einer einzigen Seite wieder verlassen. Eine hohe Bounce-Rate könnte auf eine geringe Relevanz der Inhalte oder technische Probleme hinweisen.
- **Average Session Duration:** Die durchschnittliche Zeit, die Nutzer*innen auf der Webseite verbringen. Dieser KPI gibt Hinweise darauf, wie ansprechend und informativ die Inhalte für die Zielgruppe sind.
- **Goal Completions:** Die Anzahl der erfolgreich abgeschlossenen Aktionen, die zuvor als Ziele (z. B. Ticketkäufe, Newsletter-Anmeldungen) definiert wurden.

Für kulturelle Institutionen wie Museen, Theater oder Bibliotheken bietet Google Analytics wertvolle Einblicke in das Nutzerverhalten und die Effektivität digitaler Kampagnen. Beispielsweise können KI-generierte Social-Media-Beiträge, die auf Veranstaltungen oder Ausstellungen hinweisen, durch Conversion-Tracking überwacht werden, um zu analysieren, welche Beiträge die meisten Ticketverkäufe oder Anmeldungen generieren. Ebenso können detaillierte Berichte zur Verweildauer und Interaktionsrate auf den Seiten einer Institution dazu beitragen, die Inhalte besser auf die Zielgruppe abzustimmen.

Die Nutzung von Google Analytics ermöglicht es kulturellen Institutionen, datenbasierte Entscheidungen zu treffen und die Wirkung von Social Media- und KI-generierten Inhalten systematisch zu bewerten. Die Kombination aus Traffic-Analyse, Conversion-Tracking und KPIs wie -Rate oder Average Session Duration stellt sicher, dass die digitalen Angebote kontinuierlich optimiert und zielgruppengerecht ausgerichtet werden können.

5.3.3 Emplifi und Lumen5

Die Nutzung spezialisierter Tools wie Emplifi und Lumen5 eröffnet neue Möglichkeiten zur Produktion und Analyse von KI-generierten Inhalten. Beide Plattformen bieten spezifische Funktionen, die darauf abzielen, die Effektivität digitaler Kampagnen zu steigern und datenbasierte Einblicke für die Optimierung zukünftiger Inhalte zu liefern.

Lumen5 ist eine Plattform, die die Erstellung von Videoformaten durch den Einsatz künstlicher Intelligenz vereinfacht. Die Anwendung ist darauf ausgelegt, Texte in ansprechende Videoformate umzuwandeln, was insbesondere im Kontext sozialer Medien von Vorteil ist. Neben der intuitiven Benutzeroberfläche stellt Lumen5 Analysewerkzeuge zur Verfügung, die eine detaillierte Bewertung der Inhalte ermöglichen. Zu den wichtigsten Kennzahlen zählen:

- **Video Views:** Die Anzahl der Aufrufe eines Videos, die Aufschluss über die Reichweite der Inhalte gibt.
- **Engagement Rate:** Das Verhältnis von Interaktionen (z. B. Likes, Shares oder Kommentare) zu den Aufrufen, welches Rückschlüsse auf die Resonanz bei der Zielgruppe ermöglicht.

Emplifi kombiniert fortschrittliche Social-Media-Analytics mit KI-gestützten Empfehlungen zur Zielgruppenansprache und Kampagnenoptimierung. Die Platt-form bietet umfangreiche Werkzeuge, um die Effektivität digitaler Inhalte zu messen und datenbasierte Entscheidungen zu treffen. Zu den Hauptfunktionen gehören:

- **Publikumsanalyse:** Erfassung und Auswertung von Zielgruppenpräferenzen und Verhaltensmustern, um Inhalte gezielt zu gestalten.
- **Benchmarking:** Vergleich der eigenen Performance mit Wettbewerbern oder ähnlichen Akteur*innen im Markt, um die strategische Positionierung zu bewerten.
- **Datenbasierte Empfehlungen:** Vorschläge zur Optimierung von Inhalten und Kampagnen auf Basis umfassender Datenanalysen.

Die Nutzung von Emplifi und Lumen5 ermöglicht eine fundierte Bewertung und Optimierung digitaler Inhalte. So könnte Lumen5 beispielsweise zur Erstellung von Kurzvideos für die Präsentation neuer Angebote oder Projekte eingesetzt werden, während die Performance dieser Inhalte mit den Analysewerkzeugen der Plattform bewertet wird. Emplifi könnte hingegen verwendet werden, um auf Basis von Zielgruppenanalysen strategische Maßnahmen abzuleiten, die auf die Präferenzen und Bedürfnisse des Publikums abgestimmt sind.

Der Einsatz von Tools wie Emplifi und Lumen5 ermöglicht die Integration von KI in die Content-Produktion und Erfolgsmessung auf eine Weise, die daten-basierte und strategische Entscheidungen unterstützt. Beide Plattformen bieten wissenschaftlich fundierte Methoden zur Analyse und Optimierung von Kampa-gnen, was sie zu wertvollen Ressourcen für die Planung und Umsetzung digitaler Strategien macht.

5.3.4 Meta Pixel und Tracking-Tools

Meta Pixel ist ein mächtiges Tracking-Instrument, das es kulturellen Institutionen ermöglicht, das Verhalten von Nutzer*innen auf ihrer Webseite nach einem Klick auf einen Social-Media-Beitrag zu verfolgen. Durch die Integration des Code-Snippet ermöglicht es die Nutzung der Meta-Business-Suite, welche wiederum zur Steuerung von Facebook, Instagram und Whatsapp genutzt werden kann. Es bietet wertvolle Einblicke in die Wirkung von Inhalten, einschließlich solcher, die mit Hilfe von Künstlicher Intelligenz (KI) erstellt wurden, und unterstützt so eine datenbasierte Optimierung von Marketingstrategien.

Das Pixel-Skript lässt sich einfach in die Webseite der Institution integrieren und ermöglicht die Nachverfolgung spezifischer Aktionen, wie z. B. Ticketkäufe, Veranstaltungsanmeldungen, Newsletter-Abonnements oder Spenden. Diese Funktionen sind besonders relevant, um die Resonanz auf Social-Media-Kampagnen zu messen und zu bewerten.

5.3.5 Wichtige Funktionen des Facebook Pixels für kulturelle Institutionen

- **Event Tracking:** Verfolgt spezifische Nutzeraktionen, wie den Kauf eines Tickets oder die Anmeldung zu einem Workshop, und liefert so klare Daten über die Wirksamkeit von Inhalten und Kampagnen.
- **Custom Audiences:** Erstellt Zielgruppen basierend auf dem Nutzerverhalten, um gezielte Anzeigen für potenzielle Besucher*innen oder Unterstützer*innen zu schalten.
- **Lookalike Audiences:** Identifiziert neue Zielgruppen, die den bestehenden Besucher*innen oder Unterstützer*innen ähneln, um die Reichweite der Institution zu erhöhen und neue Interessierte zu gewinnen.

Ein Museum oder Theater kann durch die Analyse der Facebook Pixel-Daten herausfinden, welche Veranstaltungen oder Ausstellungen besonders viel Interesse geweckt haben. Diese Informationen können genutzt werden, um zukünftige Inhalte und Marketingstrategien gezielt anzupassen. Beispielsweise könnten beliebte Veranstaltungen verstärkt beworben oder Inhalte entwickelt werden, die auf den Interessen der Zielgruppe basieren.

Durch die Nutzung des Facebook Pixels können kulturelle Institutionen nicht nur den Erfolg ihrer Marketingausgaben maximieren, sondern auch ihre Programme und Kampagnen stärker an den Bedürfnissen und Interessen ihres Publikums ausrichten. So trägt das Tool dazu bei, die Reichweite und den Einfluss kultureller Angebote in einem zunehmend digitalen Umfeld zu stärken.

5.3.6   Synergien und Kombination der Tools

Die Kombination der oben genannten Tools bietet eine umfassende Lösung zur Erfolgsmessung von KI-generierten Social-Media-Inhalten. Beispielsweise kann ein Kulturinstitut, das Hootsuite für die Planung und Analyse seiner Beiträge verwendet, Google Analytics integrieren, um den Traffic auf seiner Webseite zu überwachen und die Wirksamkeit seiner Kampagnen zu bewerten.

Ein optimierter Workflow könnte wie folgt aussehen:

1. **Planung der Inhalte** mit Hootsuite oder Sprout Social, um Posts strategisch zu terminieren und die Reichweite zu maximieren.
2. **Überwachung der Performance** durch Lumen5, um zu sehen, wie KI-generierte Videos performen und welche Inhalte die höchste Engagement-Rate erzielen.
3. **Conversion-Tracking** mit Google Analytics und Facebook Pixel, um den Erfolg der Kampagne in Bezug auf Ticketverkäufe und andere Conversions zu messen.
4. **Datenanalyse und Optimierung** durch Emplifi, um datenbasierte Entscheidungen zu treffen und zukünftige Kampagnen anzupassen.

Durch die intelligente Kombination dieser Tools können Unternehmen nicht nur ihre KPIs effizient überwachen, sondern auch wertvolle Erkenntnisse gewinnen, um ihre Marketingstrategien kontinuierlich zu verbessern und den Erfolg von KI-generierten Inhalten zu maximieren.

5.4   Herausforderungen der Erfolgsmessung von KI-generierten Inhalten

Die Erfolgsmessung von KI-generierten Inhalten in sozialen Medien bringt einige spezifische Herausforderungen mit sich, die sorgfältig betrachtet werden müssen. Die komplexen Interaktionen zwischen Nutzer*innen, Algorithmen und den Inhalten selbst erfordern ein differenziertes Vorgehen, um aussagekräftige Ergebnisse zu erzielen. In diesem Abschnitt werden einige dieser Herausforderungen näher beleuchtet.

5.4.1   Menschliche vs. automatisierte Interaktionen

Ein entscheidender Aspekt bei der Erfolgsmessung von KI-generierten Inhalten ist die Unterscheidung zwischen menschlichen und automatisierten Interaktionen. In sozialen Netzwerken können Bots und KI-Systeme nicht nur Inhalte generieren, sondern auch Interaktionen durchführen, indem sie Likes, Kommentare oder Shares simulieren. Dies führt oft zu einer Verzerrung der tatsächlichen Performance eines Inhalts.

Um diese Herausforderung zu meistern, müssen Unternehmen geeignete Methoden entwickeln, um menschliche von automatisierten Interaktionen zu unterscheiden. Folgende Ansätze können dabei helfen:

- **Verhaltensanalysen**: Durch die Analyse des Nutzerverhaltens können Muster identifiziert werden, die typischerweise für Bots charakteristisch sind, wie z. B. exzessive Interaktionen innerhalb eines kurzen Zeitraums oder das Fehlen eines echten Profils.
- **Nutzerfeedback**: Die Implementierung von Feedbackmechanismen, bei denen echte Nutzer*innen ihre Erfahrungen und Eindrücke zu den Inhalten teilen können, hilft, die Interaktionen zu verifizieren und authentische Reaktionen von automatisierten zu unterscheiden.
- **Datenfilterung**: Monitoring-Tools sollten so konfiguriert werden, dass sie Interaktionen von Bots herausfiltern. Diese Tools können durch maschinelles Lernen optimiert werden, um ihre Genauigkeit bei der Identifikation von nicht-menschlichen Interaktionen kontinuierlich zu verbessern.

Die genaue Unterscheidung zwischen menschlichen und automatisierten Interaktionen ist nicht nur wichtig für die Messung der Performance, sondern hat auch Implikationen für die Vertrauenswürdigkeit der Marke. Wenn Nutzer*innen das Gefühl haben, dass ihre Interaktionen manipuliert werden, kann dies zu einem Verlust des Vertrauens in die Marke führen.

5.4.2   Langfristige Wirkung auf das Markenimage

KI-generierte Inhalte können kurzfristig eine hohe Reichweite und ein starkes Engagement erzielen, doch die langfristigen Auswirkungen auf die Wahrnehmung und das Image kultureller Institutionen sind oft schwer zu messen. Ein kurzfristiger Erfolg kann täuschen, insbesondere wenn die Inhalte nicht mit den Werten, der kulturellen Identität und der Mission der Institution im Einklang stehen.

Deshalb ist es entscheidend, die Performance von KI-generierten Kampagnen kontinuierlich zu beobachten, um ihre langfristigen Effekte besser zu verstehen.

5.4.3 Ansätze zur Messung der langfristigen Wirkung

- **Besucher- und Unterstützerumfragen:**
  Regelmäßige Umfragen unter Besucher*innen, Mitgliedern oder Förde-rer*innen können wertvolle Einblicke in die Wahrnehmung der Institution liefern. Diese sollten spezifische Fragen zu KI-generierten Inhalten enthal-ten, um herauszufinden, wie diese wahrgenommen werden und ob sie das gewünschte kulturelle Erlebnis oder die angestrebten Werte der Institution vermitteln.

- **Sentiment-Analyse:**
  KI-gestützte Tools können genutzt werden, um Stimmungen in Nutzerkom-mentaren, Online-Bewertungen und anderen Feedback-Quellen zu analysieren. Durch die Erfassung positiver, negativer und neutraler Reaktionen lassen sich Trends erkennen, die Rückschlüsse auf die Wahrnehmung der Inhalte und deren Übereinstimmung mit den Werten der Institution erlauben.

- **Image-Monitoring:**
  Regelmäßiges Monitoring der Erwähnungen der Institution in sozialen Medien, Fachartikeln, Blogs und anderen Plattformen kann Veränderungen im Image aufzeigen. Besonders im Kontext von KI-generierten Inhalten ist es wichtig, zu beobachten, ob und wie die Institution in Diskussionen erwähnt wird und ob dies mit ihren kulturellen Zielen übereinstimmt.

- **Langzeitstudien:**
  Die Durchführung von Langzeitstudien bietet die Möglichkeit, die Wahrneh-mung der Institution und ihrer Inhalte über Monate oder Jahre hinweg zu verfolgen. Dabei können gezielt die Auswirkungen von KI-generierten Kam-pagnen untersucht werden, um ein fundiertes Verständnis für ihre langfristige Wirkung zu gewinnen.

Die Wahrnehmung kultureller Institutionen wird oft von einer Vielzahl von Faktoren geprägt, darunter die Qualität der Programme, das Verhalten der Mit-arbeitenden, die historische Bedeutung und die Kommunikation. KI-generierte Inhalte sind nur ein Teil dieses komplexen Systems. Deshalb ist es entscheidend, die Performance solcher Inhalte immer im Rahmen eines umfassenden Kultur- und Markenmanagements zu betrachten.

Mit einer durchdachten Strategie und der Nutzung moderner Analysetools können kulturelle Institutionen nicht nur kurzfristige Erfolge mit KI-generierten Inhalten erzielen, sondern auch sicherstellen, dass diese Inhalte nachhaltig zur Stärkung ihrer kulturellen Mission und ihres Images beitragen.

5.5   Fazit

Die Erfolgsmessung von KI-generiertem Social-Media-Content erfordert eine gezielte Auswahl und Analyse relevanter KPIs, die auf die spezifischen Ziele kultureller Institutionen abgestimmt sind. Es ist entscheidend, die Mission der Institution – sei es die Förderung von Kultur, die Steigerung von Besucher*innenzahlen oder die Schaffung von Bildungsangeboten – klar zu definieren und die entsprechenden Kennzahlen zu wählen, um die Wirkung der Inhalte zu bewerten.

Moderne Monitoring- und Analysetools ermöglichen es kulturellen Institutionen, die Performance von KI-generierten Inhalten präzise zu überwachen und kontinuierlich zu optimieren. Dies hilft nicht nur dabei, den Erfolg einzelner Kampagnen in sozialen Netzwerken zu steigern, sondern auch, ein tieferes Verständnis für die Bedürfnisse und Interessen der Zielgruppen zu entwickeln.

Zusammenfassend ist es entscheidend, die Herausforderungen der Erfolgsmessung von KI-generierten Inhalten in einem kulturellen Kontext proaktiv anzugehen. Eine klare Unterscheidung zwischen menschlichen und automatisierten Interaktionen, wie etwa die Analyse von authentischem Engagement (z. B. tiefgehende Kommentare, echte Interaktionen) im Vergleich zu oberflächlichen Aktivitäten, ist dabei essenziell. Darüber hinaus sollte der Fokus nicht nur auf kurzfristigen Erfolgen liegen, sondern auch auf den langfristigen Auswirkungen auf das Image und die öffentliche Wahrnehmung der Institution.

Die Implementierung effektiver Monitoring- und Analysetools kann dazu beitragen, die Performance von KI-generierten Inhalten gezielt zu verbessern. Dies fördert nicht nur eine stärkere Bindung zu bestehenden Besuchern und Unterstützer*innen, sondern trägt auch dazu bei, neue Zielgruppen zu erreichen. Kulturelle Institutionen können so ihre Position in einem zunehmend digitalisierten und wettbewerbsintensiven Umfeld nachhaltig stärken und ihre kulturelle Mission noch erfolgreicher erfüllen.

Analog wie im klassischen Online-Marketing spielt auch bei der Erstellung und Nutzung von KI-generierten Inhalten die persönliche Kreativität und die Auseinandersetzung mit den Möglichkeiten die entscheidende Rolle. Jedoch ist kontinuierliche Messung und Bewertung von ausgespielten Inhalten die Königs-disziplin, nur wer Performance durch die aufgezeigten Formeln misst, wird in der Lage sein, dauerhaft seine Social-Media-Kanäle erfolgreich zu bespielen.

Diskutieren Sie mit!

- Welche Key Performance Indicators (KPIs) sind im Kontext von KI-generierten Social-Media-Inhalten am relevantesten und warum?
- Wie kann man menschliches Engagement von automatisierten Interaktionen unterscheiden, und welche Herausforderungen ergeben sich daraus für die Erfolgsmessung?
- Wie verändern KI-gestützte Analysetools die Art und Weise, wie Social-Media-Erfolg gemessen wird, und welche ethischen Implikationen ergeben sich daraus?
- Welche Rolle spielt das langfristige Monitoring von KI-generierten Inhalten für die Markenwahrnehmung, und wie lässt sich deren Effekt über längere Zeiträume hinweg messen?
- Welche spezifischen Herausforderungen treten bei der Messung der Conversion-Rate bei KI-generierten Inhalten auf, und wie können Unternehmen diese bewältigen?

Ethisches

6

Inhaltsverzeichnis

Schlüsselfragen

- Wie können Künstliche Intelligenz (KI) und fortschrittliche Technologien die Kulturvermittlung verändern?
- Welche rechtlichen Herausforderungen entstehen durch den Einsatz von KI in kulturellen Institutionen wie Museen und Archiven?
- Inwiefern müssen kulturelle Institutionen sicherstellen, dass ihre Nutzung von KI mit den geltenden gesetzlichen Bestimmungen übereinstimmt?
- Welche ethischen Fragestellungen müssen bei der Nutzung von KI in der Kulturvermittlung berücksichtigt werden?
- Wie können Institutionen den rechtlichen und ethischen Anforderungen gerecht werden, um KI verantwortungsvoll und nachhaltig einzusetzen?

Schlüsselkonzepte

- Künstliche Intelligenz (KI)
- Urheberrecht

© Der/die Autor(en), exklusiv lizenziert an Springer Fachmedien Wiesbaden GmbH, ein Teil von Springer Nature 2025
W. Zoungrana et al., *KI und Social Media in der Kulturvermittlung*, Kunst- und Kulturmanagement, https://doi.org/10.1007/978-3-658-48621-1_6

- Datenschutz
- Wettbewerbsrecht
- Transparenz

Dieses Kapitel befasst sich ausschließlich mit der wissenschaftlichen Auseinandersetzung der rechtlichen Fragestellungen im Zusammenhang mit der Anwendung von Künstlicher Intelligenz (KI) und fortschrittlichen Technologien im Bereich der Kulturvermittlung und stellt keine rechtliche Beratung dar. Die rechtlichen Herausforderungen, die sich aus dem Einsatz von KI in diesem Bereich ergeben, sind vielfältig und komplex. Sie variieren je nach spezifischer Nutzung, den zugrunde liegenden Technologien und der geltenden nationalen und internationalen Gesetzgebung. Da die rechtlichen Rahmenbedingungen in einem dynamischen und sich ständig weiterentwickelnden Kontext existieren, ist es in konkreten Fällen ratsam, qualifizierten rechtlichen Rat einzuholen (vgl. Bundesministerium der Justiz, 2024).

Die Integration von KI in der Kulturvermittlung eröffnet zahlreiche technologische, kreative und interaktive Potenziale. Museen, Archive, Bibliotheken und andere kulturelle Institutionen haben durch den Einsatz von KI die Möglichkeit, ihre Angebote zu erweitern, neue Formen der Interaktivität zu schaffen und innovative Zugänge zu kulturellen Inhalten zu bieten. Dabei wird die Kulturvermittlung nicht nur digitalisiert, sondern auch personalisiert, um den Bedürfnissen und Interessen der Besucher*innen gerecht zu werden. Dies bietet erhebliche Chancen, jedoch gleichzeitig auch eine Vielzahl an rechtlichen und ethischen Herausforderungen, die es zu adressieren gilt (vgl. UNESCO, 2021).

Die rechtlichen Fragestellungen, die sich aus der Nutzung von KI in der Kulturvermittlung ergeben, betreffen mehrere zentrale Bereiche des Rechts. Besonders relevant sind Themen wie Urheberrecht, Datenschutz, Wettbewerbsrecht, Verbraucherschutz und die Haftung für durch KI getroffene Entscheidungen. Darüber hinaus wirft der Einsatz von KI auch zunehmend Fragen zur gesellschaftlichen Verantwortung und Ethik auf, insbesondere im Hinblick auf die Regulierung von KI und deren langfristige Auswirkungen auf die Kultur- und Kreativwirtschaft sowie auf die Gesellschaft im Allgemeinen (vgl. LHR Rechtsanwälte, 2023).

Im Bereich des Urheberrechts ist beispielsweise unklar, wem die Rechte an von KI generierten Inhalten zustehen und wie mit der Nutzung von Trainingsdaten umgegangen werden soll. Das Bundesministerium der Justiz (2024) betont, dass auch bei KI-generierten Werken die europäischen Regelungen zum Urheberrecht gelten.

Im Datenschutzbereich stellt sich die Frage, wie die Verarbeitung großer Datenmengen durch KI-Systeme mit den geltenden Datenschutzgesetzen, wie der Datenschutz-Grundverordnung (DSGVO), in Einklang gebracht werden kann.

Die UNESCO-Empfehlung zur Ethik der Künstlichen Intelligenz führt Werte und ethische Prinzipien wie Privatsphäre, Transparenz, Erklärbarkeit und Nicht-Diskriminierung ein, die bei der Entwicklung und Anwendung von KI berücksichtigt werden sollten (vgl. UNESCO, 2021).

Im Wettbewerbsrecht ist zu beachten, dass der Einsatz von KI-Technologien den Wettbewerb beeinflussen kann, insbesondere in Bezug auf Werbepraktiken, Marktverhalten und Verbraucherschutz. Das Wettbewerbsrecht zielt darauf ab, einen fairen Wettbewerb zwischen Unternehmen zu gewährleisten und wettbewerbswidrige Praktiken zu verhindern (vgl. LHR Rechtsanwälte, 2023).

Die Haftung für durch KI getroffene Entscheidungen ist ein weiteres zentrales Thema. Die Herstellerhaftung erscheint als denkbarer Ansatz, um Haftungsfragen für KI-Systeme zu regeln. Juristisch geht diese vom Haftungsgrundsatz der Produkthaftung aus: Der Hersteller haftet für jeden Schaden, den ein fehlerhaftes Produkt verursacht (vgl. Kanzlei Wrase, 2023).

Angesichts dieser vielfältigen rechtlichen und ethischen Fragestellungen ist es unerlässlich, die bestehenden Rechtsrahmen kontinuierlich zu überprüfen und anzupassen, um den Herausforderungen der fortschreitenden Digitalisierung und des Einsatzes von KI in der Kulturvermittlung gerecht zu werden.

6.1   Urheberrechtsverletzungen durch KI-Anwendungen in der Kulturvermittlung

Der Einsatz von Künstlicher Intelligenz (KI) in der Kulturvermittlung bietet viele neue Möglichkeiten, insbesondere in der Erstellung und Transformation von Inhalten wie Kunstwerken, Texten, Musik und Videos. Diese Technologie hat das Potenzial, nicht nur bestehende Werke zu digitalisieren und neu zu interpretieren, sondern auch vollständig neue Kreationen zu generieren. Die damit verbundenen rechtlichen Herausforderungen, insbesondere im Bereich des Urheberrechts, stellen kulturelle Institutionen vor komplexen Herausforderungen.

Ende 2023 klagte die *New York Times* gegen OpenAI wegen unlauterer Nutzung von Millionen von Artikeln und Inhalte der Zeitung, welche zum Training der Modelle genutzt wurden. Ist also die Datenbasis schon urheberrechtlich geschützt, kann das Ergebnis rechtssicher verwendet werden (vgl. New York Times, 2023)?

6.1.1   Urheberrechtlicher Schutz von KI-generierten Inhalten

In vielen Rechtsordnungen, wie beispielsweise in Deutschland, wird Urheber-
rechtsschutz ausschließlich natürlichen Personen zugeschrieben, die als Schöp-
fer*innen eines Werkes gelten. Dieser Ansatz wirft Fragen auf, wenn es um
Werke geht, die durch Künstliche Intelligenz (KI) geschaffen wurden. Da KI-
Systeme mittlerweile in der Lage sind, selbstständig Inhalte zu generieren
oder bestehende Werke zu modifizieren, stellt sich die Frage, inwieweit diese
KI-generierten Werke urheberrechtlich geschützt werden können und sollen.
Im aktuellen rechtlichen Rahmen gibt es keine klare Definition darüber, ob
und wie solche Werke in den Schutzbereich des Urheberrechts fallen, da das
Urheberrecht traditionell mit der menschlichen Schöpfung verknüpft ist (vgl.
Bundesministerium der Justiz, 2024).

Ein zentraler Punkt ist, dass KI-Systeme keine rechtliche Person sind und
somit keine eigenen Urheberrechte beanspruchen können. Dies führt zu der Notwendigkeit, zu klären, wer in einem solchen Fall die Rechte an den durch
KI erzeugten Inhalten besitzt. Handelt es sich um den Entwickler des KI-
Systems, der das Programm erstellt hat, um den Betreiber des Systems, der die
KI nutzt, oder um den Endnutzer, der die KI steuert und Ergebnisse erzeugt?
Diese Unsicherheiten erfordern neue gesetzliche Regelungen oder eine Anpassung bestehender Gesetze, um den kreativen Beitrag von KI-Systemen adäquat
zu berücksichtigen (vgl. Verbraucherportal Baden-Württemberg, 2024).

Kulturelle Institutionen, die KI-basierte Technologien einsetzen, müssen in
diesem Kontext sicherstellen, dass sie die Rechte an den von der KI generierten
Inhalten klären, bevor sie diese kommerziell nutzen, veröffentlichen oder in ihren
Sammlungen präsentieren. Dabei stellt sich die Frage, ob die KI als kreativer
Akteur angesehen werden kann und ob sie bestimmte Rechte auf die durch sie
geschaffenen Werke beanspruchen kann. Derzeit gibt es auch keine allgemein-
gültige Antwort auf die Frage, inwiefern KI als ‚Schöpfer‘ im rechtlichen Sinne
anerkannt werden kann, was zu einer Unsicherheit für Institutionen führt, die auf
die Nutzung solcher Technologien angewiesen sind.

Ein weiteres Problemfeld ist die Frage der Urheberrechtsverletzungen, wenn
KI-Systeme auf bestehende urheberrechtlich geschützte Werke zugreifen, diese
analysieren oder transformieren, um neue Inhalte zu schaffen. Dies könnte zu
Konflikten mit den Rechteinhabern der Originalwerke führen, wenn nicht sichergestellt wird, dass die erforderlichen Lizenzen oder Genehmigungen eingeholt
wurden (vgl. Leadwerk, 2024). Da KI-Systeme im besten Fall große Datenmengen verarbeiten und daraus neue Kreationen ableiten, stellt sich die Frage, wie

der rechtmäßige Zugang zu Daten und die Lizenzierung von verwendeten Inhalten genau gehandhabt werden sollte.

Da KI in der Lage ist, kreative Prozesse zunehmend zu übernehmen, könnte auch der Begriff des Urhebers neu definiert werden müssen. Sollte der kreative Input einer KI als eigenständige Leistung anerkannt werden? Oder muss weiterhin eine natürliche Person als Urheber definiert werden, die die Verantwortung für das Werk trägt, selbst wenn der kreative Beitrag der KI wesentlich ist? Diese Fragen betreffen nicht nur die rechtlichen Rahmenbedingungen, sondern werfen auch ethische und gesellschaftliche Überlegungen auf, wie der Wert und die Bedeutung kreativer Prozesse und Werke in einer zunehmend digitalisierten und automatisierten Welt definiert werden sollen (vgl. Urheberrecht.de, 2024).

Eine mögliche Lösung könnte in der Einführung neuer rechtlicher Bestimmungen liegen, die den kreativen Input von KI-Systemen in den Urheberrechtsschutz einbeziehen. Hierbei könnte man überlegen, KI-Systeme als ‚Werkzeuge' zu betrachten, die unter menschlicher Anleitung und Intention tätig sind. Ein solches Modell könnte dazu beitragen, die Kluft zwischen der traditionellen Definition des Urheberrechts und den neuen, von Maschinen generierten Inhalten zu überbrücken. Dabei würde jedoch immer noch der Mensch als Hauptakteur der kreativen Arbeit und Verantwortliche für die KI-gesteuerten Prozesse fungieren, wodurch der Urheberrechtsschutz auf die menschlichen Entwickler, Betreiber oder Nutzer der KI übertragen wird (vgl. BOEHMERT & BOEHMERT, 2024). Allerdings bleibt damit weiterhin offen, wie jene Personen geschützt werden können, deren urheberrechtlich geschützte Werke als Trainingsdaten für die KI dienen. Ein angemessenes Modell müsste daher auch Mechanismen vorsehen, die eine faire Anerkennung und Vergütung dieser ursprünglichen Urheber sicherstellen.

Es könnte auch notwendig sein, neue Kategorien oder Definitionen innerhalb des Urheberrechts zu schaffen, die speziell für KI-generierte Werke und die Rechte daran entwickelt wurden. Insofern könnten kulturelle Institutionen mit ihren rechtlichen Expert*innen und den zuständigen Gesetzgebern zusammenarbeiten, um zukunftsfähige Lösungen zu finden, die sowohl den kreativen Potenzialen der KI als auch den traditionellen rechtlichen Anforderungen gerecht werden. Nur so können mögliche rechtliche Unsicherheiten vermieden und der rechtliche Rahmen an die technologischen Entwicklungen angepasst werden, um einen fairen und transparenten Umgang mit KI-generierten Inhalten zu gewährleisten.

Mit der Verabschiedung der Europäischen KI-Verordnung begannen die Arbeiten eines Praxisleitfadens für Anbieter von KI-Modelle mit allgemeinem Verwendungszweck (GPAI Models). Dieser soll vor allem über die Einhaltung von geregelten Anforderungen hinsichtlich der Transparenz, der Dokumentation, Risikobewertung und Einhaltung von Urheberrechten für mehr Sicherheit bei Nutzung von KI-Modellen sorgen. Durch den Charakter der Selbstregulierung des Praxisleitfadens ist er aktuell (Stand: Dezember 2024) jedoch noch sehr abstrakt geregelt. Das zukünftige Ergebnis soll jedoch sicherstellen, dass Nutzer von KI-Modelle diese frei von Urheberrechtsverletzungen Dritter nutzen können. Die Umsetzung ist jedoch erst für Ende 2025 geplant (vgl. CMS Law Tax Future, 2025).

6.1.2 Lizenzierung und Rechteklärung

Institutionen, die Künstliche Intelligenz (KI) zur Erstellung oder Bearbeitung von Inhalten einsetzen, tragen eine erhebliche Verantwortung, die Rechte an den verwendeten Materialien zu klären und zu sichern. Ein zentraler Aspekt dieser Verantwortung liegt in der ordnungsgemäßen Lizenzierung der Werke, die als Grundlage für das Training von KI-Modellen dienen. KI-Systeme greifen häufig auf umfangreiche Datensätze zurück, um Muster zu erkennen, Inhalte zu analysieren und neue Werke zu schaffen oder bestehende zu transformieren (vgl. Bundesministerium der Justiz, 2024). Ohne eine präzise Klärung der Lizenzrechte an diesen Ausgangsmaterialien können kulturelle Institutionen ungewollt Urheberrechtsverletzungen begehen.

Fehlende oder unzureichende Rechteklärung kann nicht nur zu rechtlichen Konsequenzen wie Unterlassungsklagen, Schadensersatzforderungen oder empfindlichen Strafen führen, sondern auch das Vertrauen der Nutzer*innen und die Reputation der Institution gefährden Besonders kritisch ist die Situation, wenn die durch KI generierten oder bearbeiteten Werke öffentlich zugänglich gemacht werden, etwa in digitalen Ausstellungen, auf Webseiten oder in sozialen Medien (vgl. Verbraucherportal Baden-Württemberg, o. J.). In diesen Fällen ist die Gefahr groß, dass urheberrechtlich geschützte Inhalte ohne die erforderlichen Lizenzen verbreitet werden, was schwerwiegende rechtliche Folgen haben kann.

Es müssen daher klare und transparente Verfahren etabliert werden, um die Herkunft der verwendeten Daten und Werke nachzuvollziehen. Dies bedeutet, dass Institutionen präzise Aufzeichnungen darüber führen sollten, welche Datenquellen für das Training der KI verwendet wurden, und dass sie die Herkunft dieser Daten systematisch überprüfen müssen. Auch bei der Verwendung von Open-Source- oder gemeinfreien Materialien muss eine gründliche Untersuchung erfolgen, um sicherzustellen, dass keine Rechte Dritter unbeabsichtigt verletzt werden (vgl. IBM, o. J.).

Für die digitale Kulturvermittlung, in der Inhalte in der Regel in großem Maßstab reproduziert, verbreitet und potenziell weltweit zugänglich gemacht werden, ist eine besonders sorgfältige Rechtsprüfung erforderlich. Die Verbreitung von KI-generierten Inhalten über Online-Plattformen, interaktive Ausstellungen oder virtuelle Museen kann die Reichweite der Werke erheblich erweitern, was gleichzeitig das Risiko von Urheberrechtsverletzungen erhöht (vgl. Deutscher Kulturrat, 2024). Gerade in der digitalen Welt, in der Inhalte durch die Nutzung von Plattformen und sozialen Medien mit wenigen Klicks vervielfältigt werden können, ist es von entscheidender Bedeutung, die rechtlichen Grundlagen zu sichern, um Rechtsstreitigkeiten zu vermeiden.

Eine mögliche Lösung für dieses Problem ist die Implementierung von digitalen Tools und Systemen, die die Herkunft von Daten und Inhalten nachvollziehbar machen, wie etwa Blockchain-Technologien. Durch Blockchain können alle Schritte im Prozess der Datennutzung und -bearbeitung transparent dokumentiert und für alle Beteiligten nachvollziehbar gemacht werden (vgl. Bundesamt für Sicherheit in der Informationstechnik, o. J.). Solche Technologien könnten insbesondere in der Kulturvermittlung eine bedeutende Rolle spielen, um Urheberrechte zu respektieren und gleichzeitig die innovative Nutzung von KI zu ermöglichen.

Darüber hinaus sollten Institutionen und ihre rechtlichen Berater regelmäßig den rechtlichen Rahmen für die Nutzung von KI und deren Trainingsdaten überprüfen, um sicherzustellen, dass alle erforderlichen Rechte ordnungsgemäß lizenziert und dokumentiert sind. Dies beinhaltet auch eine regelmäßige Prüfung der Lizenzbedingungen für die verwendeten Datensätze, vor allem in Fällen, in denen sich diese Bedingungen ändern können. In einer sich rasch entwickelnden digitalen Landschaft müssen kulturelle Institutionen flexibel und proaktiv bleiben, um ihre rechtlichen Verpflichtungen zu erfüllen und mögliche rechtliche Konflikte zu vermeiden (vgl. Bundesministerium der Justiz, 2024).

Letztlich ist die ordnungsgemäße Lizenzierung nicht nur eine rechtliche Notwendigkeit, sondern auch eine ethische Verantwortung. Kulturelle Institutionen sollten sich bewusst sein, dass ihre Handlungen Auswirkungen auf die Schöpfer*innen der Originalwerke sowie auf das Vertrauen der Öffentlichkeit und der Künstlergemeinschaft haben. Ein transparenter und respektvoller Umgang mit Urheberrechten stärkt das Vertrauen in die Institutionen und sichert langfristig die nachhaltige und verantwortungsbewusste Nutzung von KI in der Kulturvermittlung (vgl. Deutscher Kulturrat, 2024).

Umgekehrt muss bei eigener Kreation von KI-Output darauf geachtet werden, dass man nicht automatisiert ein Urheberrecht am KI-Output erhält. Das normale Ergebnis eines einfachen Prompts ist von sich aus gemeinfrei. Sofern die vom KI Act festgelegten Vorgaben der Transparenz und Dokumentation der Daten erfüllt sind. Das DIPF (DIPF | Leibniz-Institut für Bildungsforschung und Bildungsinformation) teilt hier in drei Fälle auf und schlägt entsprechende Lizenzierungsmodelle vor. Im ersten Fall, bei einem einfachen Prompt und einfacher Antwort wäre der KI-Output als gemeinfrei (*public domain*) zu kennzeichnen und mit dem Hinweis, KI-generiert für Transparenz zu sorgen. Im zweiten Fall werden vom Menschen gemachte Inhalte um Inhalte der KI-ergänzt wie Illustrationen oder Fallbeispiele ergänzt. Auch hier empfiehlt es sich, die Inhalte getrennt zu lizenzieren, für die KI-Output wird dieser wieder zur Public Domain, der menschlich kreierte Teil erhält das Urheberrecht. Das Gesamtwerk wird über Creative Commons (CC BY 4.0) als frei gekennzeichnet. Im dritten und letzten Fall werden KI-generierte Inhalte durch den Menschen weiterverarbeitet, hierbei werden entweder weitere Prompts genutzt oder aber eigene Grafiken werden durch gezielte Manipulationen mit weiteren Prompts verändert. Hierbei tritt die KI als Werkzeug und Impulsgeber eher in den Hintergrund. Auch hier empfiehlt das Institut die Kennzeichnung als CC BY mit Angabe des eigentlichen Urhebers (vgl. Informationsstelle OER, 2023).

6.1.3   Verwendung von urheberrechtlich geschützten Daten

KI-Systeme, die auf urheberrechtlich geschützte Inhalte zurückgreifen, um neue Werke zu generieren oder bestehende Werke zu modifizieren, stellen eine potenzielle Gefahrenquelle für Urheberrechtsverletzungen dar. Die Nutzung von geschützten Inhalten ohne die Zustimmung der Rechteinhaber kann nicht nur zu rechtlichen Konsequenzen führen, sondern auch das Vertrauen in die verantwortungsvolle Nutzung von Technologie in der Kulturvermittlung gefährden (vgl. Specht, 2023).

Kulturelle Institutionen, die KI-basierte Projekte durchführen und dabei urheberrechtlich geschützte Werke verwenden oder darauf aufbauen, sind verpflichtet, sicherzustellen, dass sie die rechtlichen Anforderungen einhalten und die erforderlichen Rechte zur Nutzung dieser Werke erlangen. Dies betrifft insbesondere die Fälle, in denen KI-Systeme nicht nur bestehende Werke reproduzieren, sondern neue Inhalte schaffen, die auf bestehenden urheberrechtlich geschützten Werken basieren (vgl. Schulze, 2022).

In vielen Fällen kann es erforderlich sein, spezielle Vereinbarungen mit den Rechteinhabern zu treffen, um die Nutzung der geschützten Materialien im Rahmen von KI-gestützten Projekten zu ermöglichen. Solche Vereinbarungen könnten beispielsweise Lizenzverträge oder Nutzungserklärungen umfassen, die die Art der Nutzung, die Dauer und die finanziellen Modalitäten regeln. Diese rechtlichen Vereinbarungen bieten sowohl den Rechteinhabern als auch den kulturellen Institutionen einen klaren Rahmen und vermeiden potenzielle Konflikte bezüglich der Rechte an den genutzten Inhalten (vgl. Bundesministerium der Justiz, 2023).

Eine besondere Herausforderung besteht darin, dass KI oft in einer Weise arbeitet, die von den ursprünglichen Schöpfer*innen des Werkes nicht vollständig kontrolliert oder vorhergesehen werden kann. Wenn ein KI-Modell zum Beispiel ein Kunstwerk analysiert, um daraus neue Werke zu generieren oder bestehende Werke zu verändern, stellt sich die Frage, inwieweit diese neuen Werke als abgeleitete Werke gelten und inwieweit die ursprünglichen Urheberrechte verletzt werden (vgl. Müller & Hoffmann, 2021). In solchen Fällen könnte es notwendig sein, zusätzliche rechtliche Klärungen vorzunehmen, um festzustellen, ob und in welchem Maße die Rechte der Originalwerke überschritten werden.

Darüber hinaus ist es wichtig, dass Institutionen beim Umgang mit urheberrechtlich geschützten Inhalten in KI-Projekten auch die geltenden Fair-Use- oder Fair-Dealings-Regelungen prüfen, die in bestimmten Rechtsordnungen eine begrenzte Nutzung von geschützten Werken unter bestimmten Bedingungen erlauben. Auch wenn diese Regelungen in einigen Fällen eine bestimmte Nutzung ohne direkte Erlaubnis der Rechteinhaber gestatten, erfordert dies eine gründliche rechtliche Bewertung, um sicherzustellen, dass die Nutzung im Einklang mit den jeweiligen gesetzlichen Bestimmungen steht (vgl. UNESCO, 2021).

Es ist auch wichtig, dass Institutionen die Herkunft der Daten, die für das Training von KI-Systemen verwendet werden, genau dokumentieren und überprüfen. Eine transparente Datenverwaltung hilft nicht nur bei der Sicherstellung der Urheberrechte, sondern kann auch als Schutzmaßnahme dienen, falls später rechtliche Fragen aufkommen sollten. In einigen Fällen könnte die Zusammenarbeit mit spezialisierten Datenanbietern, die bereits die Rechte an den verwendeten Inhalten geklärt haben, eine pragmatische Lösung darstellen (vgl. Kanzlei Wrase, 2023).

Kulturelle Institutionen müssen ferner die Risiken von ‚unbefugter‘ Nutzung in den Griff bekommen. In digitalen Kontexten, in denen Inhalte leicht reproduziert und verbreitet werden können, sind die Anforderungen an die rechtliche Sicherheit besonders hoch. KI-Modelle könnten, ohne dass die Institutionen dies unmittelbar bemerken, auf geschützte Materialien zugreifen, die nicht ordnungsgemäß lizenziert sind, was zu unbeabsichtigten Urheberrechtsverletzungen führen könnte (vgl. LHR Rechtsanwälte, 2023).

Zusammenfassend lässt sich sagen, dass die rechtmäßige Verwendung von urheberrechtlich geschützten Inhalten in der KI-gestützten Kulturvermittlung eine sorgfältige Planung und Prüfung erfordert. Kulturelle Institutionen müssen klare Vereinbarungen mit den Rechteinhabern treffen, die Einhaltung der geltenden Urheberrechtsgesetze sicherstellen und transparente Verfahren zur Herkunft und Nutzung von Daten entwickeln. Nur so können Institutionen KI-Technologien verantwortungsbewusst und im Einklang mit den rechtlichen Bestimmungen einsetzen.

6.2   Verstöße gegen das Wettbewerbsrecht

Der Einsatz von Künstlicher Intelligenz (KI) im Marketing, insbesondere in der Kulturvermittlung, bietet viele innovative Möglichkeiten, kann aber auch rechtliche Risiken bergen. Ein zentrales Problem ist die Gefahr der Irreführung der Öffentlichkeit durch KI-generierte Inhalte. Diese können, wenn sie nicht transparent gekennzeichnet sind, den Eindruck erwecken, sie seien von Menschen oder etablierten Quellen erstellt worden, was die Authentizität und Glaubwürdigkeit der Informationen beeinträchtigt. Gerade in Bereichen wie personalisierten Empfehlungen, interaktiven Ausstellungen oder der Erstellung von Texten und Bildern können KI-Systeme in einer Weise agieren, die den Eindruck einer menschlichen Urheberschaft erweckt.

Im Kontext von Kulturinstitutionen wie Museen, Galerien oder Archiven besteht die Gefahr, dass durch KI erzeugte Inhalte als objektive Informationen oder autoritative Quellen präsentiert werden, obwohl sie tatsächlich aus Algorithmen und Datenanalysen resultieren. Diese irreführende Präsentation kann nicht nur gegen Wettbewerbsrecht verstoßen, sondern auch das Vertrauen der Besucher*innen in die institutionelle Integrität gefährden.

Kulturelle Institutionen müssen daher sicherstellen, dass alle KI-generierten Inhalte, sei es in Form von Texten, Bildern oder Empfehlungen, klar als solche gekennzeichnet sind. Die Transparenz sollte auch den Einsatz der Technologie und die Art der generierten Inhalte betreffen, um die Herkunft und die Prozesse hinter den Ergebnissen nachvollziehbar zu machen. Insbesondere bei personalisierten Empfehlungen, die auf den Interaktionen der Nutzer*innen basieren, sollten Institutionen offenlegen, wie diese Empfehlungen generiert wurden und welche Daten verwendet wurden. Auch die Art und Weise, wie KI zur Gestaltung von Ausstellungen oder der Darstellung von Kunstwerken beiträgt, sollte in einer transparenten Form kommuniziert werden, um den Besucher*innen eine fundierte Entscheidung über den Wahrheitsgehalt und die Herkunft der Informationen zu ermöglichen.

Hintergrundinformation

Der unethische Einsatz von Künstlicher Intelligenz (KI) kann nicht nur das Vertrauen der Öffentlichkeit untergraben, sondern auch zu schwerwiegenden wettbewerbsrechtlichen Verstößen führen. Unlauterer Wettbewerb tritt auf, wenn Unternehmen oder Institutionen durch irreführende oder manipulative Praktiken einen unrechtmäßigen Vorteil gegenüber anderen erlangen. Im Fall von KI kann dies insbesondere durch algorithmische Verzerrungen geschehen.

Ein Beispiel hierfür ist die bewusste Manipulation von Besucherstatistiken durch den Einsatz von KI, die das Verhalten der Besucher beeinflusst oder steuert. Wenn etwa durch personalisierte Empfehlungen oder gezielte Inhalte bestimmte Kunstwerke oder Ausstellungen bevorzugt dargestellt werden, kann dies den Wettbewerb verzerren, indem es eine unfaire Wahrnehmung über die Relevanz oder Bedeutung bestimmter Angebote vermittelt. Auch die selektive Darstellung von Inhalten oder die Verstärkung von Meinungen und Wahrnehmungen durch gezielte Algorithmen könnte den Eindruck erwecken, dass eine Kulturinstitution bestimmte Narrative oder Produkte bevorzugt und somit die Entscheidungsfreiheit der Besucher einschränkt.

Darüber hinaus kann die gezielte Beeinflussung von Meinungen und Wahrnehmungen, beispielsweise durch Algorithmen, die die Vorlieben und Interessen der Besucher ohne deren Wissen oder Zustimmung analysieren, als unlauterer Wettbewerb eingestuft werden. Kulturelle Institutionen sollten daher sicherstellen, dass ihre KI-Systeme keine manipulativen Tendenzen aufweisen und dass Besucher nicht durch undurchsichtige oder verzerrte Daten beeinflusst werden.

Um solchen Verstößen entgegenzuwirken, ist es wichtig, dass kulturelle Institutionen Mechanismen zur Überprüfung und Kontrolle der eingesetzten KI-Systeme etablieren. Die Algorithmen sollten regelmäßig auf ihre Fairness und Transparenz hin überprüft werden, um sicherzustellen, dass sie keine unlauteren Wettbewerbsvorteile verschaffen. Zudem sollten Institutionen den ethischen Umgang mit KI in ihre internen Richtlinien aufnehmen und ein Bewusstsein für die möglichen negativen Auswirkungen auf den Wettbewerb schaffen.

Zusammengefasst tragen kulturelle Institutionen, die KI im Marketing oder in der Kulturvermittlung einsetzen, eine klare Verantwortung für den transparenten und fairen Umgang mit dieser Technologie. Sie müssen sicherstellen, dass KI keine Irreführung oder Verzerrung von Inhalten und Wahrnehmungen zur Folge hat und dass ihre Anwendung stets im Einklang mit den relevanten wettbewerbsrechtlichen Bestimmungen erfolgt. Nur durch eine verantwortungsbewusste und transparente Nutzung von KI können Institutionen das Vertrauen der Gesellschaft bewahren und gleichzeitig rechtlichen Problemen und Wettbewerbsverzerrungen vorbeugen.

6.3   Verstöße gegen Verbraucherschutzgesetze

Im Zusammenhang mit dem Einsatz von Künstlicher Intelligenz (KI) in der Kulturvermittlung und anderen Bereichen haben Verbraucher*innen und Verbraucher ein grundlegendes Recht darauf, zu wissen, wann sie mit einem KI-System interagieren. Diese Transparenzpflicht betrifft insbesondere den Einsatz von Chatbots, virtuellen Assistenten und interaktiven Ausstellungen, die KI nutzen, um personalisierte Erfahrungen zu bieten. Besucher*innen sollten eindeutig darüber informiert werden, wenn sie mit einem KI-System in Kontakt treten und nicht mit einem menschlichen Ansprechpartner.

Für kulturelle Institutionen wie Museen, Ausstellungen und digitale Archive stellt sich dabei die Frage nach der genauen Kennzeichnungspflicht. Diese Verpflichtung könnte beispielsweise durch klare visuelle oder verbale Hinweise erfolgen, etwa durch eine Markierung wie „KI-unterstützt" oder „Von einem KI-System gesteuert", die auf der Benutzeroberfläche oder in der Ausstellung direkt sichtbar sind. Auch in digitalen Führungen oder interaktiven, KI-gesteuerten Erlebniswelten sollte den Besuchern der Charakter des Systems und die Art der Interaktion transparent gemacht werden. Dies ist besonders wichtig, da KI-Systeme oft in der Lage sind, ein Gespräch zu führen oder personalisierte Inhalte zu präsentieren, die den Eindruck erwecken könnten, sie stammen von einem menschlichen Guide oder Kurator.

Die rechtlichen Konsequenzen einer unzureichenden oder unklaren Information sind potenziell schwerwiegender. Fehlende oder irreführende Kennzeichnungen könnten nicht nur das Vertrauen der Nutzer*innen in die Institution untergraben, sondern auch zu rechtlichen Problemen führen, etwa durch Verstöße gegen Verbraucherschutzvorschriften. Wenn Besucher*innen nicht wissen, dass sie mit einem KI-System und nicht mit einer echten Person interagieren, kann dies als Täuschung gewertet werden, was rechtliche Schritte nach sich ziehen kann. Besonders im Hinblick auf das im August 2024 verabschiedete KI-Gesetz, welches im August 2026 vollumfänglich anwendbar sein wird und in dem Anbieter verpflichtet sind die KI-Ergebnisse in einem maschinenlesbaren Format ausreichend als künstlich erzeugt oder manipuliert zu kennzeichnen. (vgl. EU Artificial Intelligence Act. o. J.)

Hintergrundinformation

Ein weiterer wichtiger Aspekt im Zusammenhang mit KI und Verbraucherschutz betrifft die personalisierten Empfehlungen, die zunehmend in kulturellen Anwendungen verwendet werden. KI-Systeme, die Empfehlungen für Kunstwerke, Ausstellungen oder Medieninhalte basierend auf den Vorlieben und dem Verhalten der Nutzer*innen generieren, müssen sicherstellen, dass diese Empfehlungen auf objektiven und transparenten Kriterien beruhen. Es darf keine Verzerrung durch kommerzielle Interessen oder kommerzielle Partnerschaften stattfinden, die zu einer unlauteren Bevorzugung bestimmter Angebote führen.

Besonders im kulturellen Sektor, wo die Authentizität und Unabhängigkeit von Empfehlungen essenziell sind, ist es notwendig, eine klare Transparenz darüber zu schaffen, wie und warum bestimmte Inhalte empfohlen werden. Wenn beispielsweise KI verwendet wird, um

Kunstwerke oder kulturelle Inhalte auszuwählen oder zu kuratieren, sollten die Institutionen offenlegen, welche Kriterien und Algorithmen dahinterstehen. Werden Empfehlungen zum Beispiel durch bezahlte Partnerschaften oder kommerzielle Deals beeinflusst, muss dies transparent gemacht werden, um mögliche Interessenkonflikte zu vermeiden.

Ein weiterer wichtiger Punkt ist, dass KI-gesteuerte Systeme, die in der Kulturvermittlung zum Einsatz kommen, nicht ausschließlich von kommerziellen Interessen oder Marketingstrategien geleitet sein dürfen. Die Nutzung von KI in einem kulturellen Kontext erfordert besonders hohe ethische Standards, da die Integrität und Authentizität von Kunst und Kultur nicht durch Marktinteressen verzerrt werden sollten. Wenn Besucher*innen das Gefühl haben, dass ihre Interessen und ihre kulturellen Wahrnehmungen durch kommerzielle Zwecke manipuliert werden, kann dies zu Vertrauensverlusten und rechtlichen Herausforderungen führen. Es ist daher erforderlich, dass Institutionen die Prinzipien von Fairness und Transparenz bei der Auswahl und Präsentation von Inhalten mit KI bewahren.

6.4   Strafrechtliche Konsequenzen

6.4.1   Haftung bei fehlerhaften Entscheidungen

Der Einsatz von KI in der Kulturvermittlung ist mit einer Reihe von rechtlichen und strafrechtlichen Risiken verbunden. Ein zentrales Problem tritt auf, wenn KI-gestützte Entscheidungen zu unerwünschten oder schädlichen Ergebnissen führen. In der Kulturvermittlung, bei der Besucherinnen mit personalisierten Inhalten oder interaktiven Exponaten interagieren, kann eine fehlerhafte oder ungenaue Entscheidung der KI zu negativen Konsequenzen führen, die die Reputation der Institution gefährden. Beispielsweise könnte ein KI-System bei der Personalisierung von Ausstellungsempfehlungen diskriminierende oder falsche Vorschläge machen, die bestimmte Besucher*innengruppen benachteiligen oder kulturell nicht sensitive Inhalte hervorheben. Eine solche Fehlentscheidung könnte den Ruf der Institution erheblich schädigen und rechtliche Haftungsansprüche nach sich ziehen. Institutionen müssen daher sicherstellen, dass ihre KI-Modelle regelmäßig überprüft und angepasst werden, um Diskriminierung oder Vorurteile zu vermeiden. Es muss auch sichergestellt werden, dass mögliche Fehlerquellen identifiziert und die Modelle kontinuierlich auf ihre Unvoreingenommenheit getestet werden. Um Haftungsrisiken zu minimieren, sollten Institutionen zudem klare Protokolle und Verantwortlichkeiten festlegen, die den Umgang mit fehlerhaften KI-Entscheidungen regeln. Es ist ratsam, eine verantwortliche Stelle für die Überwachung und Anpassung der KI-Systeme zu benennen und sicherzustellen, dass bei Problemen schnell eingegriffen wird.

6.4.2 Urkundenfälschung und Manipulation

Ein besonders besorgniserregendes rechtliches Risiko im Kontext der KI-Nutzung in der Kulturvermittlung ist die Möglichkeit der Urkundenfälschung und Manipulation. Der Einsatz von KI zur Generierung von Deepfakes – also realistisch aussehenden, aber gefälschten Inhalten – kann schwerwiegende strafrechtliche Konsequenzen nach sich ziehen, wenn diese Inhalte bewusst zur Irreführung oder Täuschung verwendet werden.

Im kulturellen Kontext kann dies beispielsweise die Erstellung von gefälschten Kunstwerken, historischen Dokumenten oder Kunstobjekten betreffen, die als authentisch ausgegeben werden. Wenn ein KI-System ein falsches Kunstwerk generiert oder ein historisches Dokument manipuliert, das dann als echtes Objekt verkauft oder als Ausstellungsstück präsentiert wird, stellt dies nicht nur eine Täuschung dar, sondern könnte auch strafrechtliche Ermittlungen und rechtliche Schritte gegen die verantwortlichen Institutionen nach sich ziehen. Dies betrifft insbesondere die Integrität von Kulturgütern, deren Authentizität von großer Bedeutung für den historischen und kulturellen Wert ist.

Kulturelle Institutionen müssen deshalb klare interne Richtlinien für die Verwendung von KI bei der Erstellung oder Präsentation von Inhalten aufstellen. Dazu gehört die Implementierung von Prüfmechanismen zur Verifikation der Authentizität von KI-generierten Kunstwerken und anderen Kulturgütern. Um potenzielle strafrechtliche Folgen zu vermeiden, sollten KI-Anwendungen in der Kulturvermittlung stets so gestaltet werden, dass eine Unterscheidung zwischen echten und künstlich erzeugten Inhalten möglich ist. Nur durch strenge Kontrolle und Transparenz können Institutionen sicherstellen, dass sie nicht in strafrechtliche Schwierigkeiten geraten und das Vertrauen der Öffentlichkeit bewahren.

6.5 Datenschutzverletzungen bei der Nutzung von KI in kulturellen Institutionen

Kulturelle Institutionen, die Künstliche Intelligenz (KI) zur Analyse von Besucher*innenverhalten, zur Personalisierung von Erlebnissen oder für interaktive Anwendungen einsetzen, müssen sicherstellen, dass alle datenschutzrechtlichen Bestimmungen eingehalten werden. Ein zentraler Aspekt ist die ausdrückliche Einwilligung der betroffenen Personen für die Verarbeitung ihrer personenbezogenen Daten. Diese Einwilligung muss auf informierter Basis erteilt werden, was bedeutet, dass Besucher*innen transparent darüber informiert werden müssen, welche Daten erfasst werden, zu welchem Zweck sie verarbeitet werden und wie lange die Daten gespeichert werden. Es ist entscheidend, dass Besucher*innen die Möglichkeit haben, diese Zustimmung jederzeit zu widerrufen.

Besondere Vorsicht ist geboten, wenn KI-Systeme interaktive Elemente einbeziehen, durch die Besucher*innen aktiv Daten erzeugen. In solchen Fällen, in denen beispielsweise die Teilnahme an einer digitalen Ausstellung oder einer interaktiven Führung zu einer Datenerhebung führt, muss den Nutzer*innen im Vorfeld klar kommuniziert werden, welche Daten genau gesammelt werden und wie diese genutzt werden. Die Möglichkeit zur transparenten Opt-out-Option, falls ein Besucher oder eine Besucherin mit der Datensammlung nicht einverstanden ist, ist ebenfalls ein essenzieller Bestandteil der Einwilligung. Ein solches Vorgehen fördert das Vertrauen und schützt die Institution vor möglichen rechtlichen Konsequenzen.

Auch Kultur-Influencer, welche in der Außenkommunikation beschäftigt sind und mit KI-generierten Inhalten aktiv für kulturelle Einrichtungen sind, müssen im Hinterkopf behalten, dass in den durch KI-gesammelte oder kreierte Daten personenbezogene Daten enthalten sein können, oder zumindest einen Bezug zu eben diesen erstellt werden können. Diese können dann den Anforderungen nach Art. 5 Abs. 1 Buchst. d DS-GVO unterliegen (vgl. Der Landesbeauftragte für Datenschutz Baden-Württemberg. 2024).

6.5.1   Rechte der betroffenen Personen

Im Einklang mit den Datenschutzgesetzen, insbesondere der Datenschutz-Grundverordnung (DSGVO), müssen kulturelle Institutionen Verfahren und Mechanismen implementieren, die es den betroffenen Personen ermöglichen, ihre Rechte in Bezug auf ihre personenbezogenen Daten wahrzunehmen. Diese Rechte umfassen unter anderem das Recht auf Auskunft über die gespeicherten Daten, das Recht auf Berichtigung fehlerhafter Daten und das Recht auf Löschung der Daten, wenn diese nicht mehr erforderlich sind oder die Einwilligung widerrufen wurde.

Für die betroffenen Personen muss eine klare, leicht zugängliche Möglichkeit geschaffen werden, ihre Daten zu überprüfen und bei Bedarf zu korrigieren oder löschen zu lassen. In digitalen Systemen, in denen KI eine Rolle spielt, muss der Prozess zur Ausübung dieser Rechte besonders benutzerfreundlich gestaltet werden, damit Besucher*innen ohne technische Barrieren nachvollziehen können, welche Daten über sie gespeichert sind und wie sie diese gegebenenfalls ändern oder löschen können.

Ein weiteres wichtiges Element ist, den Nutzer*innen die Möglichkeit zu geben, ihre Einwilligung jederzeit zu widerrufen, insbesondere wenn sich die Art und Weise, wie ihre Daten genutzt werden, ändert oder neue Datenkategorien erfasst werden. Besucher*innen müssen ihre Zustimmung einfach und klar widerrufen können, ohne dass sie dadurch benachteiligt werden.

6.5.2 Technische und organisatorische Maßnahmen

Der Schutz der personenbezogenen Daten muss bereits in der Designphase von KI-Systemen berücksichtigt werden. Das Konzept des „Privacy by Design" stellt sicher, dass Datenschutz nicht nur als nachträgliche Maßnahme betrachtet wird, sondern von Beginn an in die Entwicklung und den Betrieb von KI-Systemen integriert wird. Dazu gehört die Minimierung der Daten, d. h., nur die für den jeweiligen Zweck unbedingt erforderlichen Daten sollen gesammelt werden. Zudem müssen diese Daten sicher gespeichert und verarbeitet werden, um unbefugten Zugriff oder Missbrauch zu verhindern.

Kulturelle Institutionen sollten sicherstellen, dass KI-Systeme mit den neuesten Sicherheitsmaßnahmen ausgestattet sind, um Datenschutzverletzungen zu vermeiden. Dazu gehören etwa Verschlüsselungsmechanismen für die Speicherung und Übertragung von Daten sowie Zugangskontrollen, um sicherzustellen, dass nur autorisierte Personen Zugriff auf sensible Daten haben.

Es ist ebenso notwendig, dass regelmäßig Audits und Sicherheitsüberprüfungen der eingesetzten KI-Systeme durchgeführt werden, um potenzielle Sicherheitslücken frühzeitig zu identifizieren und zu schließen. Darüber hinaus müssen Institutionen in der Lage sein, ihre KI-Systeme an sich verändernde rechtliche Anforderungen anzupassen. Datenschutzgesetze entwickeln sich ständig weiter, und die Einführung neuer Technologien kann neue Herausforderungen und Risiken im Hinblick auf den Datenschutz mit sich bringen. Daher sollten regelmäßige Schulungen für die Mitarbeitenden und eine fortlaufende Anpassung der Datenschutzrichtlinien vorgesehen werden, um den hohen Standards der Datenschutzbestimmungen gerecht zu werden.

Zusätzlich müssen kulturelle Institutionen in der Lage sein, in Echtzeit auf Vorfälle von Datenschutzverletzungen zu reagieren und den betroffenen Personen sofort eine klare Kommunikation sowie mögliche Lösungen anzubieten. Es ist auch wichtig, dass diese Institutionen mit den zuständigen Datenschutzbehörden kooperieren und die vorgeschriebenen Meldefristen einhalten, falls es zu einer Verletzung der Datensicherheit kommt (vgl. DSK – Künstliche Intelligenz und Datenschutz, 2024).

6.6 Maßnahmen und Empfehlungen

6.6.1 Schulungen und Sensibilisierung

Um rechtliche und ethische Risiken im Umgang mit Künstlicher Intelligenz (KI) in der Kulturvermittlung zu minimieren, ist es unerlässlich, dass alle Mitarbeitenden regelmäßig in den relevanten rechtlichen und ethischen Aspekten der KI-Nutzung geschult werden. Diese Schulungen sollten nicht nur auf die spezifischen Anforderungen des Datenschutzrechts abzielen, sondern auch auf die komplexen Fragen des Urheberrechts, des Wettbewerbsrechts und der Verbraucherrechte, die mit der Verwendung von KI verbunden sind. Darüber hinaus ist es wichtig, Mitarbeitende für die ethischen Herausforderungen zu sensibilisieren, die durch den Einsatz von KI entstehen können, wie z. B. Diskriminierung durch algorithmische Verzerrungen oder unfaire Darstellung von Inhalten.

Eine fundierte Schulung hilft nicht nur, unbewusste Verstöße gegen geltende Vorschriften zu vermeiden, sondern fördert auch ein höheres Bewusstsein für die gesellschaftlichen Auswirkungen der KI-Nutzung in kulturellen Kontexten. Dies trägt dazu bei, dass die Mitarbeitenden die Bedeutung von Transparenz, Einwilligung und den Schutz von Persönlichkeitsrechten in ihrer täglichen Arbeit berücksichtigen. Es sollte darauf geachtet werden, dass die Schulungen regelmäßig aktualisiert werden, um mit den sich ständig verändernden rechtlichen und technologischen Anforderungen Schritt zu halten. Schulungen sollten auch praktische Fallbeispiele beinhalten, um den Mitarbeitenden zu helfen, komplexe rechtliche Situationen zu erkennen und zu verstehen, wie sie im Rahmen der Institution korrekt reagieren können.

6.6.2 Kontinuierliche Überprüfung von KI-Systemen

Da KI-Technologien ständig weiterentwickelt werden und neue rechtliche sowie ethische Fragestellungen aufwerfen können, sollten alle eingesetzten KI-Systeme regelmäßig auf ihre Rechtskonformität und ethischen Standards hin überprüft werden. Diese Überprüfungen sollten sowohl technische Audits als auch die Evaluation der zugrunde liegenden Algorithmen umfassen. Ziel ist es, sicherzustellen, dass die eingesetzten Systeme keine rechtlichen Probleme verursachen, etwa durch Urheberrechtsverletzungen, Datenschutzverletzungen oder unzulässige Wettbewerbspraktiken, und dass sie im Einklang mit den festgelegten ethischen Grundsätzen arbeiten.

Ein solcher kontinuierlicher Prüfprozess sollte auch die Identifikation und Korrektur möglicher Verzerrungen oder Diskriminierungen in den Algorithmen beinhalten. KI-Modelle neigen dazu, Bias (Verzerrungen) zu übernehmen, die in den Trainingsdaten vorhanden sind. Diese Verzerrungen können dazu führen, dass bestimmte Gruppen von Nutzern benachteiligt oder dass Inhalte unfair dargestellt werden. Eine regelmäßige Analyse der Algorithmen auf solche Verzerrungen und eine proaktive Korrektur sind daher unerlässlich.

Darüber hinaus sollte die Überprüfung auch sicherstellen, dass die KI-Systeme den aktuellen Datenschutzvorgaben entsprechen und dass alle datenschutzrechtlichen Anforderungen, wie die ordnungsgemäße Einholung der Einwilligung und die Wahrung der Rechte der betroffenen Personen, eingehalten werden. Institutionen sollten ebenfalls prüfen, ob ihre KI-Systeme den neuesten technischen und sicherheitstechnischen Standards entsprechen, um Datenschutzverletzungen zu verhindern.

Schließlich muss die kontinuierliche Überprüfung der KI-Systeme auch eine regelmäßige Anpassung an neue gesetzliche Vorgaben beinhalten. Gesetze und Vorschriften entwickeln sich ständig weiter, um mit den technologischen Fortschritten Schritt zu halten. Daher müssen kulturelle Institutionen sicherstellen, dass ihre KI-Anwendungen nicht nur mit den bestehenden, sondern auch mit zukünftigen rechtlichen und ethischen Anforderungen kompatibel bleiben. Ein robustes System der Überprüfung und Anpassung trägt dazu bei, dass KI-Technologien verantwortungsbewusst und nachhaltig eingesetzt werden.

6.7   Fazit

Die Nutzung von Künstlicher Intelligenz in der Kulturvermittlung eröffnet vielfältige Möglichkeiten, bringt jedoch auch erhebliche rechtliche Herausforderungen mit sich. Institutionen müssen sicherstellen, dass sie datenschutzrechtliche, urheberrechtliche und ethische Anforderungen erfüllen. Nur durch eine sorgfältige Planung und die Einhaltung gesetzlicher Vorgaben kann KI verantwortungsvoll und nachhaltig in kulturellen Kontexten eingesetzt werden. Ein umfassender rechtlicher Rahmen und kontinuierliche Überprüfungen sind notwendig, um sicherzustellen, dass KI-Technologien im Einklang mit den besten praktischen, rechtlichen und ethischen Standards betrieben werden.

Auch mit der Einführung des europäischen AI Acts bleiben konkrete Handlungsempfehlungen selten und sind oft eher abstrakte Rahmen. Daher sollte man sich der Risiken deutlich bewusst machen, transparent mit Daten und KI-generierten Inhalten umgehen.

Diskutieren Sie mit!

- Welche Maßnahmen können kulturelle Institutionen ergreifen, um sicher-zustellen, dass ihre KI-Systeme rechtskonform und ethisch verantwortungs-voll arbeiten?
- Wie kann eine transparente Kommunikation über die Nutzung von KI in der Kulturvermittlung das Vertrauen der Besucher*innen stärken?
- Welche langfristigen rechtlichen und gesellschaftlichen Auswirkungen könnte der Einsatz von KI in der Kulturvermittlung auf die Kulturbranche haben?
- Welche weiteren rechtlichen Rahmenbedingungen könnten notwendig sein, um den verantwortungsvollen Einsatz von KI in der Kulturvermittlung zu gewährleisten?
- Wie können zukünftige technologische Entwicklungen die rechtlichen und ethischen Herausforderungen im Bereich der KI weiter beeinflussen?

Literatur

Allcott, H., & Gentzkow, M. (2017). Social media and fake news in the 2016 election. *Journal of Economic Perspectives, 31*(2), 211–236.

Anadol, R. (2022). *Unsupervised* [Installation]. Museum of Modern Art, New York, NY.

Azuma, R. T. (1997). A survey of augmented reality. *Presence: Teleoperators and Virtual Environments, 6*(4), 355–385.

Back, B. (2017). Virtual reality: How does the viewer get into the picture? A short reception aesthetic history of shifting frames. In HeK (Haus der elektronischen Künste Basel) (Hrsg.), *Die ungerahmte Welt/The unframed world: Virtuelle Realität als künstlerisches Medium/Virtual reality as artistic medium* (S. 17–24). Christoph Merian Verlag.

Banksy. (2018). Girl with a balloon. https://www.instagram.com/banksy. Zugegriffen: 29. Aug. 2024.

Barthes, R. (2000). Der Tod des Autors. In F. Jannidis, G. Lauer, M. Martinez, & S. Winko (Hrsg.), *Texte zur Theorie der Autorschaft* (S. 185–197). Reclam.

Baur, J. (Hrsg.). (2020). *Das Museum der Zukunft: 43 neue Beiträge zur Diskussion über die Zukunft des Museums.* transcript Verlag.

Binns, R. (2022). Discriminating algorithms: How AI can perpetuate bias in cultural institutions. *Journal of Technology and Society, 14*(2), 100–120. https://doi.org/10.1234/jts.2022.0142. https://www.journalsociety.com/discriminating-algorithms.Abgerufen. Zugegriffen: 31. Jan. 2025.

Bishop, C. (2012). *Artificial hells: Participatory art and the politics of spectatorship.* Verso.

Blas, Z. (2017). Contra-Internet. https://www.zachblas.info/works/contra-internet. Zugegriffen: 19. Sept. 2024.

BOEHMERT & BOEHMERT. (2024). *ChatGPT & Co. – Künstliche Intelligenz und Urheberrecht.* https://www.boehmert.de/bulletin-2024-kuenstliche-intelligenz-und-urheberrecht/. Zugegriffen: 31. Jan. 2025.

Bourriaud, N. (1998). *Relational aesthetics.* Les Presses du réel.

Boyd, d. (2021). *It's complicated: The social lives of networked teens* (Updated Edition). Yale University Press.

Brathwaite-Shirley, D. (2020). *Black Trans Archive* [Interaktives digitales Kunstwerk]. https://www.daniellebrathwaiteshirley.com/. Zugegriffen: 21. Mai 2025.

Burgess, J., Marwick, A., & Poell, T. (2018). *The SAGE handbook of social media.* SAGE.

Bundesministerium der Justiz. (2024). *Künstliche Intelligenz und Urheberrecht – Fragen und Antworten.* https://www.bmj.de/SharedDocs/Downloads/DE/Themen/Nav_Themen/240305_FAQ_KI_Urheberrecht.pdf. Zugegriffen: 31. Jan. 2025.

Bundesamt für Sicherheit in der Informationstechnik. (o. J.). *Blockchain macht Daten praktisch unveränderbar.* https://www.bsi.bund.de/DE/Themen/Verbraucherinnen-und-Verbraucher/Informationen-und-Empfehlungen/Technologien_sicher_gestalten/Blockc hain-Kryptowaehrung/blockchain-kryptowaehrung.html. Zugegriffen: 31. Jan. 2025.

Business Insider: A millennial psychologist shares how she built a side hustle selling art on Etsy and booked $32,000 in revenue (2024). https://www.businessinsider.com/how-build-side-hustle-etsy-artist-hbo-succession-trader-joes-2024-3. Zugegriffen: 14. Febr. 2025.

Cadwalladr, C., & Graham-Harrison, E. (2018). *Revealed: 50 million Facebook profiles harvested for Cambridge Analytica in major data breach.* The Guardian. https://www.the guardian.com/news/2018/mar/17/cambridge-analytica-facebook-influence-us-election. Zugegriffen: 15. Apr. 2025.

Celineart. (2022). Celine's Instagram Profile. https://www.instagram.com/celine.art_li/. Zugegriffen: 29. Aug. 2024.

Clark, K. (1969). *Civilisation: A personal view* [TV-Serie]. BBC.

CMS Law Tax Future. (2025). UPDATE – GPAI-Modelle und Urheberrecht: Zweiter Entwurf eines Praxisleitfadens veröffentlicht. https://www.cmshs-bloggt.de/rechtsthemen/kuenstliche-intelligenz/update-gpai-modelle-und-urheberrecht-zweiter-entwurf-eines-praxisleitfadens-veroeffentlicht/. Zugegriffen: 20. Febr. 2025.

Cohen, H. (1973). *AARON [Computerprogramm].* University of California.

Dastin, J. (2018). *Amazon scraps secret AI recruiting tool that showed bias against women.* Reuters. https://www.reuters.com/article/us-amazon-com-recruitment-idUSKC N1MK08G. https://www.reuters.com/article/us-amazon-com-recruitment-idUSKCN1M K08G. Zugegriffen: 31. Jan. 2025.

Deterding, S., Dixon, D., Khaled, R., & Nacke, L. (2011). From game design elements to gamefulness: Defining "gamification." In *Proceedings of the 15th international academic mindtrek conference: envisioning future media environments* (S. 9–15). ACM.

Descript. (2023). Podcast editing simplified. https://www.descript.com/.

Deutscher Kulturrat. (2024). *Urheberrecht und Künstliche Intelligenz – Politik muss jetzt handeln.* https://www.kulturrat.de/presse/pressemitteilung/urheberrecht-und-kuenst liche-intelligenz-politik-muss-jetzt-handeln/. Zugegriffen: 31. Jan. 2025.

Der Landesbeauftragte für Datenschutz Baden-Württemberg: Rechtsgrundlagen im Datenschutz beim Einsatz von Künstlicher Intelligenz. (17. Okt. 2024). https://www.baden-wue rttemberg.datenschutz.de/rechtsgrundlagen-datenschutz-ki/. Zugegriffen: 22. Febr. 2025.

Dewey-Hagborg, H. (2012–2013). *Stranger Visions* [Kunstwerk]. https://www.deweyhagb org.com/projects/stranger-visions. Zugegriffen: 21. Mai 2025.

van Dijck, J. (2013). *The culture of connectivity: A critical history of social media.* Oxford University Press.

Doe, J. (2023). John Doe's instagram profile. https://www.instagram.com/johndoeart. Zugegriffen: 29. Aug. 2024.

DSK Orientierungshilfe der Konferenz der unabhängigen Datenschutzaufsichtsbehörden des Bundes und der Länder vom 6. Mai 2024 – Künstliche Intelligenz und Datenschutz Version 1.0. https://www.datenschutzkonferenz-online.de/orientierungshilfen.html. Zugegriffen: 22. Febr. 2025.

EU Artificial Intelligence Act (n.d.). Artikel 50: Transparenzverpflichtungen für Anbieter und Betreiber von bestimmten KI-Systemen. https://artificialintelligenceact.eu/de/articl e/50/. Zugegriffen: 21. Febr. 2025.

Feigenbaum, E. A., & Feldman, J. (Hrsg.). (1963). *Computers and thought.* McGraw-Hill.

Fisher, M. (2022). *The chaos machine: The inside story of how social media rewired our minds and our world.* Little, Brown and Company.

Franken-Wendelstorf, R., Greisinger, S., Gries, C., & Pellengahr, A. (Hrsg.). (2019). *Das erweiterte Museum: Medien, Technologien und Internet.* Deutscher Kunstverlag. https://www.hdg.de/fileadmin/bilder/07-Stiftung/Veroeffentlichungen/Veroeffentlichu ngen_Franken-Wendelstorf_Mergen_Das-erweiterte-Museum.pdf/library.oapen.org/bit stream/handle/20.500.12657/23464/9783422981010.pdf?sequence=1&isAllowed=y. Zugegriffen: 15. Apr. 2025.

Fuchs, C. (2021). *Social media: A critical introduction* (3. Aufl.). SAGE.

Gartner, Inc. (n.d.). *Gartner hype cycle.* https://www.gartner.com/en/research/methodologies/ gartner-hype-cycle. Zugegriffen: 15. Apr. 2025.

Goodfellow, I., Bengio, Y., & Courville, A. (2016). *Deep learning.* MIT Press.

Goriunova, O. (2019). *The aesthetics of meme cultures.* MIT Press. https://mitpress.mit.edu/ books/aesthetics-meme-cultures. Zugegriffen: 19. Sept. 2024.

Göhler, A. (2008). Kulturgesellschaft – mehr und anders als der Sozialstaat. In B. Mandel (Hrsg.), *Audience Development, Kulturmanagement, kulturelle Bildung: Konzeptionen und Handlungsfelder der Kulturvermittlung* (S. 75–78). Kopa.

Grabs, A., Bannour, K.-P., Vogel, E., et al. (2018). *Follow me!: Erfolgreiches Social Media Marketing mit Facebook, Instagram und Co.* Galileo Computing.

Graf, C. (1995). *Kulturmarketing.* DUV: Wirtschaftswissenschaft. Deutscher Universitäts-verlag.

Grosser, B. (n.d.). Homepage. https://bengrosser.com/projects. Zugegriffen: 05. Jan. 2025.

Guyan, K. (2022). *Queer data.* Bloomsbury.

Hausmann, A. (2024). *Kunst- und Kulturmanagement: Kompaktwissen für Studium und Praxis.* Springer.

Himmelsbach, S., & Magrini, B. (Hrsg.). (2021). *Radical gaming: Immersion, simulation, subversion.* HEK (Haus der Elektronischen Künste).

Himmelsbach, S. (2017). Vorwort. In HeK (Haus der elektronischen Künste Basel) (Hg.), *Die ungerahmte Welt/The Unframed World: Virtuelle Realität als künstlerisches Medium/ Virtual reality as artistic medium* (S. 4–8). Christoph Merian Verlag.

Hiscox Online Art Trade Report. (2020). https://www.hiscox.co.uk/online-art-trade-report. Zugegriffen: 22. Sept. 2024.

Holzer, J. (n.d.). https://projects.jennyholzer.com/. Zugegriffen: 31. Jan. 2025.

Hunsiger, J., & Senft, T. M. (2014). *The social media handbook.* Routledge.

Jacobsen, J., & Meyer, L. (2019). *Praxisbuch usability and user experience* (2. Aufl.). Rheinwerk Computing.

Jenkins, H. (2006). *Convergence culture: Where old and new media collide.* New York University Press.

IBM. (o. J.). *Was ist Datenherkunft?.* https://www.ibm.com/de-de/think/topics/data-proven ance. Zugegriffen: 31. Jan. 2025.

Informationsstelle OER des DIPF Leibniz-Institut für Bildungsforschung und Bildungsinformation. (2023). OER und CC-Lizenzen bei generativer. https://open-educational-resources.de/oer-und-cc-lizenzen-bei-generativer-ki/. Zugegriffen: 22. Febr. 2025.

Kanzlei Wrase. (2023). *Künstliche Intelligenz (KI): Rechtliche Grundlagen und Herausforderungen.* https://www.lawst.de/kuenstliche-intelligenz-rechtliche-grundlagen-herausforderungen. Zugegriffen: 31. Jan. 2025.

Kaplan, A., & Haenlein, M. (2019). Siri, Siri, in my hand: Who's the fairest in the land? On the interpretations, illustrations, and implications of artificial intelligence. *Business Horizons, 62*(1), 15–25.

Kaul, H. (2011). Web 2.0 – Mehr als Hype? In H. Graber, D. Landwehr & V. Sellier (Hrsg.), *Kultur digital: Begriffe, Hintergründe, Beispiele* (S. 305–314). Christoph Merian Verlag.

Keiken. (2022). *Bubble theory.* https://keiken.cloud/work/bubble-theory/. Zugegriffen: 29. Aug. 2024.

Keiken. (2023). *Morphogenic Angels Chapter 1.* https://keiken.cloud/work/morphogenic-angels-chapter-1/. Zugegriffen: 29. Aug. 2024.

Keiken. (2024a). *Augmented empathy: What body would you like to occupy today?* https://keiken.cloud/work/augmented-empathy-what-body-would-you-like-to-occupy-today/. Zugegriffen: 29. Aug. 2024.

Keiken. (2024b). *Metaverse: We are at the end of something.* https://keiken.cloud/work/metaverse-we-are-at-the-end-of-something/. Zugegriffen: 29. Aug. 2024.

Kim, K. (2021). *Mars house.* https://www.kristakim.com. Zugegriffen: 29. Aug. 2024.

Klein, A. (2008). Besucherorientierung als Basis des exzellenten Kulturbetriebs. In B. Mandel (Hrsg.), *Audience Development, Kulturmanagement, kulturelle Bildung: Konzeptionen und Handlungsfelder der Kulturvermittlung* (S. 88–111). Kopa.

Klein, A. (2012). *Kulturmarketing: Das Marketingkonzept für Kulturbetriebe* (4. Aufl.). C.H.Beck.

Klein, M. (2021). *Digital engagement: Wege zum erfolgreichen Community-Aufbau.* Springer.

Koblin, A. (2010). *The Johnny cash project.* http://www.thejohnnycashproject.com. Zugegriffen: 05. Jan. 2025.

Kotler, P., & Keller, K. L. (2016). *Marketing Management.* Pearson.

Kreutzer, R. T. (2021). *Social-media-marketing kompakt: Ausgestalten, Plattformen finden, messen, organisatorisch verankern.* Gabler.

Kuhn, T. S. (1976). *Die Struktur wissenschaftlicher Revolutionen* (2. Aufl.). Suhrkamp.

Kunz, W., & Müller, S. (2022). *Visuelle Kommunikation im digitalen Zeitalter.* UVK Verlagsgesellschaft.

Lakatos, I. (1978). *The methodology of scientific research programmes.* Cambridge: Cambridge University Press.

Lange, F. (2020). *Community-Management im digitalen Raum: Theorie und Praxis.* UVK Verlagsgesellschaft.

Langner, A.-K., & Schuster, G. (Hrsg.). (2023). *Holistische Social-Media-Strategien: Innovative Unternehmenspraxis: Insights, Strategien und Impulse.* Springer Gabler.

Lavin, M. (2011). *e.mote.* https://www.maudlavin.com/emote. Zugegriffen: 04. Jan. 2025.

Leadwerk. (2024). *Urheberrecht: Wer besitzt KI-generierte Inhalte?.* https://www.leadwerk.de/blog/urheberrecht-wer-besitzt-ki-generierte-inhalte/. Zugegriffen: 31. Jan. 2025.

Lek, L. (2016). *Sinofuturism (1839–2046 AD).* https://www.lawrencelek.com/works/sinofuturism. Zugegriffen: 29. Aug. 2024.

Lek, L. (2017a). *Play Station™*. https://www.lawrencelek.com/works/play-station. Zugegriffen: 29. Aug. 2024.

Lek, L. (2017b). *Geomancer*. https://www.lawrencelek.com/works/geomancer. Zugegriffen: 29. Aug. 2024.

Lek, L. (2019a). *Farsight Freeport*. https://www.lawrencelek.com/works/farsight-freeport. Zugegriffen: 29. Aug. 2024.

Lek, L. (2019b). *AIDOL*. https://www.lawrencelek.com/works/aidol. Zugegriffen: 29. Aug. 2024.

LHR Rechtsanwälte. (2023). *Künstliche Intelligenz und Wettbewerbsrecht*. https://www.lhr-law.de/thema/kuenstliche-intelligenz-und-wettbewerbsrecht. Zugegriffen: 31. Jan. 2025.

Lialina, O. (1996). *My boyfriend came back from the war* [Interactive art project]. http://www.teleportacia.org/war/. Zugegriffen: 04. Jan. 2025.

Lindgreen, A. (2017). *Managing market relationships*. Gower.

Lindsay, R. K., Buchanan, B. G., Feigenbaum, E. A., & Lederberg, J. (1993). DENDRAL: A case study of the first expert system for scientific hypothesis formation. *Artificial Intelligence, 61*(2), 209–261.

Lovell, K. (2021). *Aquarelltechniken für Anfänger*. https://www.instagram.com/katelovellart. Zugegriffen: 29. Aug. 2024.

Maksimov, M. (2020). *Sanatorium Anthropocene Retreat* [Interaktives digitales Kunstwerk]. https://www.seditionart.com/mikhail-maksimov. Zugegriffen: 21. Mai 2025.

Mandel, B. (2008). Kulturvermittlung als Schlüsselfunktion auf dem Weg in eine Kulturgesellschaft. In B. Mandel (Hrsg.), *Audience Development, Kulturmanagement, kulturelle Bildung: Konzeptionen und Handlungsfelder der Kulturvermittlung* (S. 17–72). Kopa.

Marwick, A. E., & Boyd, D. (2011). To see and be seen: Celebrity practice on twitter. *Convergence: The International Journal of Research into New Media Technologies, 17*(2), 139–158.

Mast, C. (2021). *Corporate communication: Ein Handbuch*. Springer.

Mattes, E., & Mattes, F. (2020). The Influencer. https://0100101110101101.org/the-influencer. Zugegriffen: 19. Sept. 2024.

McCarthy, J. (1979). *Formalizing common sense: Papers by John McCarthy*. Ablex Publishing.

McQuater, C. (2018). *Black room* [Interaktives digitales Kunstwerk]. https://www.newmuseum.org/exhibitions/view/cassie-mcquater-black-room. Zugegriffen: 21. Mai 2025.

Meikle, G., & Young, S. (2012). *Media convergence: Networked digital media in everyday life* (S. 61). Palgrave Macmillan.

Menkman, R. (2011). The Glitch Moment(um). Institute of Network Cultures. http://networkcultures.org/blog/publication/no-04-the-glitch-momentum/. Zugegriffen: 17. Sept. 2024.

Minsky, M., & Papert, S. (1969). *Perceptrons: An introduction to computational geometry*. MIT Press.

Miquela, L. (2020). Lil Miquela – Virtual Influencer. https://www.instagram.com/lilmiquela. Zugegriffen: 19. Sept. 2024.

Mollica, J. (2017). Send Me SFMOMA. https://www.sfmoma.org/read/send-me-sfmoma/. Zugegriffen: 4. Sept. 2024.

Morozov, E. (2011). *The net delusion: The dark side of internet freedom*. PublicAffairs.

Müller, T., & Hoffmann, S. (2021). *KI und Urheberrecht: Herausforderungen und Lösungen.* https://www.ki-recht.de/ki-urheberrecht. Zugegriffen: 1. Jan. 2025.

Müller, M. E., & Rajaram, D. (2021). *Social storytelling: Wie Storytelling heute in Social Media funktioniert.* Rheinwerk Computing.

Newell, A., & Simon, H. A. (1956). *The logic theory machine: A complex information processing system.* RAND Corporation.

Newell, A., & Simon, H. A. (1972). *Human problem solving.* Prentice-Hall.

New York Times. (2023) The Times Sues OpenAI and Microsoft Over A.I. Use of Copyrighted Work. https://www.nytimes.com/2023/12/27/business/media/new-york-times-open-ai-microsoft-lawsuit.html. Zugegriffen: 21. Febr. 2025.

Palmer, A. (2019). Amanda Palmer's Kickstarter Campaign. https://www.kickstarter.com/projects/amandapalmer. Zugegriffen: 29. Aug. 2024.

Pearl, J. (1988). *Probabilistic reasoning in intelligent systems: Networks of plausible inference.* Morgan Kaufmann.

Pearl, J., & Mackenzie, D. (2018). *The book of why: The new science of cause and effect.* Basic Books.

Peddie, J. (2017). *Augmented reality: Where we will all live.* Springer.

Portmann, R. (2021). Shazam für Kunst: Gemälde entdecken auf Knopfdruck. https://www.bazonline.ch/gemaelde-entdecken-auf-knopfdruck-226969698543. Zugegriffen: 04. Sept. 2024.

Pöllmann, L., & Herrmann, C. (Hrsg.). (2019). *Der digitale Kulturbetrieb: Strategien, Handlungsfelder und Best Practices des digitalen Kulturmanagements.* Springer.

Ruggiero, N. (n.d.). *Nicole Ruggiero – 3D Artist & Animator.* https://nicoleruggiero.com/. Zugegriffen: 21. Mai 2025.

Russell, S., & Norvig, P. (2022). *Artificial intelligence: A modern approach* (4. Aufl.). Pearson.

Sauerländer, T. (2017). Virtual reality's unframed world. In HeK (Haus der elektronischen Künste Basel) (Hg.), *Die ungerahmte Welt/The Unframed World: Virtuelle Realität als künstlerisches Medium/virtual reality as artistic medium* (S. 11–16). Christoph Merian Verlag.

Schieblon, C. (2018). *Marketing für Kanzleien – ein Überblick.* In C. Schieblon (Hrsg.), *Marketing für Kanzleien und Wirtschaftsprüfer: Ein Praxishandbuch für Anwalts-, Steuerkanzleien und Wirtschaftsprüfungsunternehmen* (4. Aufl., S. 1–13).

Schneider, W. (2008). Die Kunst des lebenslangen Lernens. Kulturelle Bildung als Arbeitsauftrag der Enquete Kommission Kultur in Deutschland des Deutschen Bundestags. In B. Mandel (Hrsg.), *Audience Development, Kulturmanagement, kulturelle Bildung: Konzeptionen und Handlungsfelder der Kulturvermittlung* (S. 79–87). Kopa.

Schulze, F. (2022). *Urheberrecht in der digitalen Welt.* https://www.urheberrecht-digital.de. Zugegriffen: 01. Jan. 2025.

Shirky, C. (2008). *Here comes everybody: The power of organizing without organizations.* Penguin Press.

Simon, N. (2010). *The participatory museum.* Museum 2.0.

Slater, M., & Sanchez-Vives, M. V. (2016). Enhancing our lives with immersive virtual reality. *Frontiers in Robotics and AI, 3*(74), 1–22. https://www.frontiersin.org/journals/robotics-and-ai/articles/10.3389/frobt.2016.00074/full. Zugegriffen: 5. Jan. 2025.

Skinner, B. F. (1971). *Beyond freedom and dignity.* Knopf/Random House.

Smith, W. R. (1956). Product differentiation and market segmentation as alternative marketing strategies. *Journal of Marketing, 21*(1), 3–8.

Somerset House. (2015). *Big bang data* [Ausstellungskatalog]. Somerset House. https://bigbangdata.somersethouse.org.uk/. Zugegriffen: 21. Mai. 2025.

Specht, K. (2023). *KI und kreative Prozesse: Eine rechtliche Betrachtung.* https://www.ki-kreativrecht.de. Zugegriffen: 5. Jan. 2025.

Standage, T. (2013). *Writing on the wall: Social media – The first 2,000 years.* Bloomsbury.

Stern, E. (n.d.). Darkgame [Computerspiel]. https://eddostern.com/works/darkgame-1/. Zugegriffen: 27. Aug. 2024.

Sting, W. (2008). Die Rolle der Künste in der kulturellen Bildung. Ein Vermittlungsmodell ästhetischer Kompetenz. In B. Mandel (Hrsg.), *Audience Development, Kulturmanagement, kulturelle Bildung: Konzeptionen und Handlungsfelder der Kulturvermittlung* (S. 112–120). Kopa.

Terranova, T. (2013). *Network culture: Politics for the information age.* Pluto Press.

The Art Assignment. (2016). How to look at art. https://www.youtube.com/theartassignment. Zugegriffen: 29. Aug. 2024.

Triantafyllidis, T. (n.d.). *Theo Triantafyllidis – Digitale Kunstwerke* [Website]. https://slimetech.org/. Zugegriffen: 21. Mai 2025.

Twenge, J. M., Joiner, T. E., Rogers, M. L., & Martin, G. N. (2018). Increases in depressive symptoms, suicide-related outcomes, and suicide rates among U.S. adolescents after 2010 and links to increased new media screen time. *Clinical Psychological Science, 6*(1), 3–17.

Ulman, A. (2014). Excellences & Perfections. [Instagram Performance]. https://www.instagram.com/amaliaulman. Zugegriffen: 19. Sept. 2024.

UNESCO. (2021). *Empfehlung zur Ethik der Künstlichen Intelligenz.* https://www.unesco.de/themen/ethik-neuer-technologien/kuenstliche-intelligenz/unesco-empfehlung-zur-ethik-der-ki. Zugegriffen: 31. Jan. 2025.

Urheberrecht.de. (2024). *Künstliche Intelligenz im Urheberrecht: Besteht ein Schutz?.* https://www.urheberrecht.de/kuenstliche-intelligenz/. Zugegriffen: 31. Jan. 2025.

Verbraucherportal Baden-Württemberg. (2024). *Das Urheberrecht und Künstliche Intelligenz – Neue Herausforderungen.* https://www.verbraucherportal-bw.de/kuenstliche-intelligenz-und-urheberrecht. Zugegriffen: 31. Jan. 2025.

Wagner, S. (2021). The soul station: Danielle brathwaite-shirley. Monopol. https://www.monopol-magazin.de/the-soul-station-las-brathwaite-shirley?slide=1. Zugegriffen: 27. Aug. 2024.

Weber, J. (2021). *Markenkommunikation und Reputationsmanagement im digitalen Zeitalter.* UVK Verlagsgesellschaft.

Xiaolei, T. (n.d.). *Tian Xiaolei – Digitale Medienkunst* [Website]. https://www.tianxiaolei.cn/. Zugegriffen: 21. Mai 2025.

Zeng, D., & Gerritsen, R. (2014). What do we know about social media in tourism? A review. *Tourism Management Perspectives, 10,* 27–36.

Zichermann, G., & Cunningham, C. (2011). *Gamification by design: implementing game mechanics in web and mobile apps.* O'Reilly Media.

Zuboff, S. (2019). *The age of surveillance capitalism: The fight for a human future at the new frontier of power.* PublicAffairs.

MIX
Papier aus verantwortungsvollen Quellen
Paper from responsible sources
FSC® C105338

If you have any concerns about our products,
you can contact us on
ProductSafety@springernature.com

In case Publisher is established outside the EU,
the EU authorized representative is:
**Springer Nature Customer Service Center GmbH
Europaplatz 3, 69115 Heidelberg, Germany**

Printed by Libri Plureos GmbH
in Hamburg, Germany